U0947331

PUBLIC PARTICIPATION AND SOCIAL GOVERNANCE

公众参与和社会治理

法国社会学家清华大学演讲文集

[法] 柯蕾（Chloé FROISSART）/ 主编

李 华　林 琳　陶思媛 / 译

中国大百科全书出版社

图书在版编目（CIP）数据

公众参与和社会治理：法国社会学家清华大学演讲文集／（法）柯蕾主编；李华，林琳，陶思媛译．—北京：中国大百科全书出版社，2018.8

ISBN 978-7-5202-0317-3

Ⅰ.①公…　Ⅱ.①柯…　②李…　③林…　④陶…　Ⅲ.①公民—参与管理—法国—文集　Ⅳ.① D756.521-53

中国版本图书馆 CIP 数据核字（2018）第 176998 号

策 划 人　曾　辉
责任编辑　曾　辉
封面设计　今亮后声
责任印制　魏　婷
出版发行　中国大百科全书出版社
地　　址　北京市阜成门北大街 17 号　　**邮政编码**　100037
电　　话　010-88390636
网　　址　http://www.ecph.com.cn
印　　刷　三河市文通印刷包装有限公司
开　　本　880 毫米 ×1230 毫米　1/32
印　　张　8.375
字　　数　160 千字
印　　次　2018 年 8 月第 1 版　2018 年 8 月第 1 次印刷
书　　号　ISBN 978-7-5202-0317-3
定　　价　49.00 元

推荐序一

清华大学中法研究中心主任柯蕾副教授盛情邀我为本书作序，这促使我回顾起清华大学中法研究中心建立与发展的历史。时间过得真快，转瞬间，已经是16年以前的事情了，当时我从中国人民大学转入清华大学后不久（我是1999年转入清华大学的），法国社会科学研究人士和法国驻华使馆方面开始与清华大学人文社会科学学院（今天已经分立为两个学院：清华大学人文学院、清华大学社会科学学院）接触，希望能够在清华大学合作建立促进中国与法国学术交流的科学研究机构，后来，经向学校领导和有关部门请示，得到批准，清华大学中法研究中心在2002年正式建立。

清华大学中法研究中心采用双主任的方式，一位主任由清华大学方面的学者担任，另一位则由法国方面的学者担任。中法研究中心清华大学方面担任主任的学者始终没有变，一直是由清华大学社会科学学院国际关系学系的史志欣教授担任，而法国方面的学者已经更换了多人。最初一位负责人，多梅纳克（Jean-Luc Domenach）教授是一位睿智的长者，应该是年逾花甲了，但与之交往就可看到，依然充满活力。当年，多梅纳克夫妇俩都在北京任职，多梅纳克夫人在联合国教科文组织任职，当年还与我所带领的课题组在北京什刹海做调研，开展老北京旧城保护研究，并且开拓和推进了一项很有影响的研究：北京、巴黎、罗马三大历史文化名城的旧城保护对比。当年一起调研的情景还历历在目。后来，接替多梅纳克先生的是罗卡（Jean-Louis Rocca）教授。罗卡不仅在中法研究中心任主任，而且还在清华大学社会学系任教，讲授欧洲社会学理论等课程，研究中产阶级，后来任期结束后，又转回法国巴黎政治大学任教。此后，又有潘鸣啸（Michel Bonnin）于 2011 年至 2014 年任主任，直到目前的柯蕾女士。柯蕾女士在推进中法研究中心工作方面尽职尽责，多方联络两国学者、学生的交流与合作。

清华大学中法研究中心的建设推进了中国与法国的教授、学者、学生们之间的交流。清华大学的学生也常常参与中法研究中心的暑期交流项目，有机会到法国进行学术交流。16 年来，清华大学中法研究中心在推进学术、文化与学者、学生交流方面，取得了诸多成绩。

中法研究中心在清华园里的一项重要活动，就是邀请来自各方面的在社会科学和中法交流方面有成就的学者进行学术演讲和学术讨论。多年来演讲和讨论的主题很多，包括文化、历史、城市、地理、空间、政治、经济、社会，等等。

本书展示的仅是交流成果的很小一部分，仅仅集中于政治社会学的主题。本书是六位法国学者，从社会学、政治学角度，探讨法国社会公共事务的治理问题，用中国学界的话语说，是探讨法国社会的公众参与和社会治理问题。

多年来，中国学界对美国学界比较熟悉，交往也比较频繁，而对法国学界远没有对美国学界那样熟悉。所以，中法的交流，法国学者带来的研究成果，使我们看到了与美国不同的研究领域、不同的理论视角。传统上，大家习惯于认为，美国社会学是经验、实证社会学的开拓者，其实，真正最早尝试社会学走向研究“社会事实”、走上实证研究道路的是法国的著名社会学家迪尔凯姆(Emile Durkheim,1858-1917)。所以，法国学者的研究常常具有启发意义。从本书的九篇讲稿的内容看，都涉及法国社会面临的一些突出的问题：社会冲突、社会运动、集体行动、社会动员、社会参与等，看起来，这些主题都有些激烈。

其实，这也与法国社会的传统密切相关。当年的法国大革命，本身就有着比较激烈的传统。关于社会学中比较激烈的理论流派，在社会学界通常称之为“冲突学派”，笔者以为，如果溯源社会学冲突学派的话，可以上溯到法国大思想家圣西门。圣西门可以被视为“社会学”的创始者之一，尽管是圣西门雇用的秘书孔德后来正式提出了“社会学”学科的概念。当然，孔德的思想是偏保守的，而圣西门的观点则比较激进，并且对卡尔·马克思产生了较大影响。

法国在走向现代化的进程中，经历过非常剧烈的社会转型，对于那段社会激烈动荡的历史，社会科学家们有很多著述予以记载。卡尔·马克思关于社会冲突、社会阶级的研究，一直都非常关注于法国的实践，诸如《1848—1850 年法兰西阶级斗争》《路易·波拿巴的雾月十八日》《法兰西内战》等，都是对于法国发生冲突和社会运动的精辟分析。可见法国的社会运动，有着深刻的历史传统影响。

本书探讨的主题——社会运动、集体行动、社会动员、社会参与，从社会学角度看，都是比较典型的社会学话题。按照社会学的定义，所谓社会运动，是规模较大的、参与人员较多的、组织化程度比较高的，有着比较明确目标的社会群体的政治活动。社会运动的概念国内用得比较多，大家也比较熟悉。反之，所谓集体行动（collective action）概念，社会学界用得较多，除社会学界外，大家恐怕还不太熟悉，该概念是指组织化程度很低的，具有很大自发性质的群体行为。社会动员与社会参与则是另一对相互对应的概念，动员是发动组织参与的过程，而社会参与则是民众主动参加或被动员到社会活动中的过程。这方面的研究，国内社会学者也有不少。

当然，本书是法国学者的视角，分析的是当今法国发生的社会事件，由于国情有很大差异，我们只能从所在的具体国情的视角来理解本书的分析。其实，无论是法国还是中国，都必须从具体国情和历史传承的角度来理解所发生的社会事件。正如马克思在《路易·波拿巴的雾月十八日》一文中曾经说过的，“一切已死的先辈们的传统，像梦魇一样纠缠着活人的头脑”，没有人能够脱离开历史传承。

祝愿清华大学中法研究中心能够继续发扬光大，使得中法学术交流不断推进，能够更上一层楼！

李 强

（清华大学社会科学学院学术委员会主任）

2018 年 6 月

于清华园熊知行楼社会学系

推荐序二

法国是近代民主实践的先驱国家，法国大革命开创了全世界推翻君主统治的先河。此后，法国虽然经历了多次制度跌宕，国家甚至濒临灭亡，但自由、平等、博爱的大革命精神延续至今，支撑着法国人民不断寻求更完善的政治制度。

民主国家的民主制度不尽完善，法国也不例外。自第五共和国建立以来，总统权力的扩张影响了国民议会的权威，庞大的行政体制逐渐形成自上而下的政策制定格局，代议制民主的缺陷使法国的民主制度在面对日趋复杂的社会议题时，显得僵化和无效。

就改善制度以便更大程度地满足更广泛人群的需要而言，法国的政策实践者、知识精英和公众做出了不懈努力。这些努力的核心要义是，通过有效参与，实现有效治理。无论是非制度化的社会运动，还是更为制度化的尝试，例如国家公共委员会或公民议事会，都力图通过发出公民的声音，扭转自上而下的政策制定格局，保护公众，特别是被边缘化人群的利益。

这本书是探讨法国公众参与的论文集，作者都是当今法国研究社会运动和公众参与的重要学者。全书从社会运动和制度化公众参与两个维度，介绍和分析了法国公众实现自身利益所面临的挑战、现行民主制度的结构性困境，以及各界在推动有效公众参与过程中的动机、行为和结果。虽然论文基于学者们在清华大学的演讲，但是其中理论、方法和实证案例的分析深度可见一斑。

书中所述虽为法国的社会议题，但中国读者并不会感到陌生，而会惊异于中法两国在治理方面的挑战有很多相似之处。例如，两国都存在因社会阶层拉大，导致社会福利获取不公的问题，而且公众整体上对公共政策制定的参与度较低。即便是选举程序完善的法国，公众在选后对议员的制约能力也较弱；长此以往，选民对政治逐渐疏离，对政治家失去信任，参选意愿开始降低。根据 BBC 引述的 2013 年“欧洲晴雨表”数据，仅有 14%的法国公众信任政府，而“世界价值观调查”数据显示，仅有 37%的法国人对政治感兴趣，两个数据都低于其他西欧国家和美国[①]。中国公众长期在精英政治文化影响下，对政府的信任度虽然较高（高于大部分东亚和东南亚国家的公众），但是公

---

① Baptist, S.（2014）. The ‘flaws’ of French Democracy. BBC News Magazine. Retrieved from https：//www. bbc. co. uk/news/magazine-27310566.

众参与程度和公众对政治的兴趣度都较低。

中国和法国都面临的问题是：一方面，公众的政策需求不断增高，差异化加大；另一方面，因为参与度低，无法对公共政策的制定产生影响。这或可造成公民的政治冷漠，或可在条件成熟时，以社会运动的形式爆发。社会运动自然是公民表达诉求的合理方式，但其有效性受制于很多因素，包括参与者是否掌握了成功推动社会运动的重要工具，等等。

无论是西方民主制度，还是中国特色社会主义制度，在本质上都是以实现公众利益和社会公平为目标。政府不希望面对政治冷漠的，或是无奈而趋于暴力的大众，有效解决治理困境的重要手段是推动公众参与，特别是日常的、以具体议题为基础的事实参与。

自中国共产党召开十八大以来，中国逐渐形成“党委领导、政府负责、社会协同、公众参与、法治保障”的社会治理体制机制，并将建设社会主义协商民主制度提升到新高度，特别强调了稳步推进基层协商、探索开展社会组织协商的重要性。可以看出，新时代的中国执政党强调通过参与促进治理的理念，将公众参与作为有效满足社会需求和解决社会矛盾的手段。

本书对法国的描述也体现出，政府、议会、公民组织和个体一直以来不断尝试各种类型的公众参与，使公众更有能力影响政府决策。两国采用的参与工具也有相似之处，例如，基层的公民议事会、协商民主，但具体形式和实践有所不同。

甚至两国的公众参与尝试所面临的挑战也类似。一方面，自上而下的政策制定格局已经形成，公众参与工具更多是促进公众对政策结果的评估，即便是在政策制定阶段允许一定程度的参与，这似乎只具有象征意义，甚至成为政治家巩固政策合法性的依据。另一方面，公众的参与能力不足，特别是边缘人群，他们的政策诉求可能最大，但参与能力最弱。这些因素叠加，使公众参与有可能沦为另一个看上去很美的政治口号。

本书的最大价值之一是告诉我们，不能因此停止对有效公众参与的追求。在法国的行动者们的持续探索中，一些参与途径被证实是行之有效的，例如参与式预算，或者卡雷尔研究的赋权工作坊，公民地位获得认可，促进了公众参与政治生活，这个变化也促进了管理体制的完善。尽管这些途径仍然存在缺陷，但实现有效参与和有效治理的道路，便是在探索和实验的累积中铺就的。

本书的另一个价值，是让我们看到了法国优秀学者的批判精神。“批判是改变的动力”，学者们的批判不只针对现有制度和现状，还针对那些试图改变现状的实践和努力。这是因为，如果不加批判地看待对现有制度的修正，可能使修正本身无法产生效果，甚至出现偏差。因此，学者们对制度和制度修正所做的批判性研究，对于促进公众参与和治理改善发挥了重要作用。

本书收集的论文既有理论和方法的讨论，也有对参与实践的案例描述和分析。无论对于社会运动、公众参与、治理问题的研究者，还是对于法国政治的学习者，甚至是对基层治理的从业者，都不无裨益。作为一名政治学者，我从中受益良多。

最后，我要感谢清华大学中法研究中心主任柯蕾女士邀请我为本书作序。近四年来，中法研究中心为北京地区社会科学研究学术共同体的建设做出了很多努力，该中心举办的学术交流活动选题精、质量高、反响好，这得益于柯蕾女士的精心策划和组织，作为学术同仁，我由衷感谢她和中法研究中心为推进社科学术发展所做的卓越贡献。

王新松

（北京师范大学社会发展与公共政策学院副教授）

2018 年 6 月于北京

参与的制度化和非制度化形式

——法国社会变化分析

这本著作汇集了九篇论文，其作者都是目前法国在研究动员和参与问题上极具权威的政治学家和社会学家。这些论文也是2014—2017年在清华大学中法研究中心举办的讲座的文字稿。中法研究中心是中法两国之间进行学术交流的平台，2017年秋，我们刚刚庆祝了中心成立15周年。这些讲座在清华大学已经引发了大量丰富的交流和讨论，作为中心的主任，我希望通过出版可以让更广泛的人群了解讲座内容。出版的目的是让中国学术界更好地认识现在法国的社会学和政治学领域中占有重要地位的研究者，同时也是为了促进中国学术界参照系的多元化，因为至今为止，美国仍然是其主要参照系。现在法国对中国的当代学术研究成果表现出越来越浓厚的兴趣，而本书则可以相应地让中国更好地了解法国当代社会科学，因为除了像布迪厄和福柯这样的知名学者，法国社会科学的多样性还不为人们所知，所以我们希望能借本书来促使两国之间的学术对话更加丰富和精细。

透过今天法国与中国同样面对的一些重大社会问题，例如移民子女受教育问题、性工作者的社会地位、贫困人群的边缘化、环境危机意识等，本书用一种全新的眼光来看法国的民主经验，民主所经历的重重考验及其寻求自身革新的方式。通过探讨制度化和非制度化的参与形式，例如动员或是社会、环境政策的制定以及实施中的公众参与，这本书以动态和自下而上的方式切入民主这一问题，侧重于行动者的创举和行动能力等方面。人们怎样介入社会事业？社会问题怎样被提上政治议事日程？媒体又是如何加入到公共问题的设计中的？怎样实施和推广公共参与并将之制度化？这里分析的参与机制不一定都已经制度化，其中有些还在寻求有效、合适的形式以便能固定下来。

本书具有两方面的贡献。一方面是本书的内容实质，尝试回答对社会转变中各类角色的作用感兴趣的人可能会提出的问题，另一方面在于书中的思考能对社会科学研究方法带来启发。

第一部分是关于动员的，首先是李力安·马蒂欧的两篇文章，文中分析了社会行动者是如何努力在自己和他人的社会中争取更大包容性的。这两篇文章还谈到了政治社会学的一些经典问题，例如集体行动的手法：为什么某些过去不被发动的社会终于被动员起来？它是如何实现的？还有“社会化”的问题：谁介入？为什么？根据赫伯特·布鲁默所下的定义，本书中研究的动员和其他参与形式是一些“以建立一种新的生活秩序为目标的集体举动”[①]，通过改变或是通过抵制改变来实现。集体行动仅仅是参与中的一种可能的形式，对参与进行分析意味着要关注大量的行动者：被动员起来的团体、组成这些团体的个人、政府领导、舆论、宣传或不宣传集体行动的媒体——动员行动如果没有被媒体报道，就不会产生任何影响。埃里克·内弗的文章则使我们了解媒体怎样把一个现象、事件或一种状况打造成一场需要政府采取行动或实行合适公共政策的公共讨论的对象。但他也指出其中存在着一系列过滤器，这解释了为什么某些动员极少通过大众传媒宣传或是往往以有偏差的方式来宣传。这位作者主要强调了传播的职业化能说明为什么很多没有资源的团体没办法让自己的事业得到人们的认可。

关注行动者，意味着要立即将参与研究与大众研究分离开来，以便突出行动者赋予自己行动的意义，而大众是“一些孤立的、匿名的个体形成的庞大集合体”，这是一个“懦弱而难以

---

① 赫伯特·布鲁默：《集体行为》，收录于阿尔弗雷德·李《社会学原理》，巴恩斯和诺布尔出版社（Herbert Blumer，“Collective Behavior” in Alfed McClung Lee，*Principles of Sociology*，New York，Barnes & Noble，1951，67-121）。

捉摸的”群体，也是超越其自身的“在组织进程中的一个部件”[①]。关注行动者（不管是个人还是组织），关注他们的所作所为，也意味着放弃找出历史规律，让危机情况分析脱离危机情况原因学（即寻找其原因）、危机结果或者危机相对远期的后果研究。

因此米歇尔·多布里引导我们将关键性事件，例如政治危机或革命，解读为一些变幻的局势，趋于摆脱导致产生它们的那些独特历史因素，换言之就是作为事件发生的复杂社会体系、机构的特殊状态，同时也是作为一些新颖的情境逻辑，大大限制了事件中所有主要角色的感知、算计和行动。这种视角能让我们理解为什么有些政治体制在缺乏合法性的情况下还能继续存在，或者是为什么有的不符合韦伯对个人魅力定义的领导人也可以在民众中获得广泛支持。因此，这四篇文章在不忘关注行动者的情况下，采取了从微观社会聚焦（个人或团体）到宏观社会聚焦（在一种政体和一个政府历史延续中的断裂时刻）的不同分析尺度。

本书第二部分是关于参与的，提出了关于公众参与机制构思和实行的一些具体操作问题，本书以批评的方式来探讨参与机制的这些研究人员同时也在法国政府中担任顾问。目前中国

---

① 这些定义分别出自勒代雷、加塞和阿伦特，达尼埃尔·瑟法伊在著作《为什么人们动员起来？集体行动的理论》中的引述，发现出版社（Daniel Cefaï, *Pourquoi se mobilise-t-on? Les théories de l'action collective*. Paris，La Découverte，2007，60-61）。

政府提出了公共参与的原则并且试图在诸多领域将公共参与制度化，不管是在法律、预算的制定还是在环保问题上，特别是2015 年的环保法律中纳入了公共参与这一概念，还有最近关于陪审团制度的改革上，中国正在紧锣密鼓地实验不同的参与机制。在这一背景下，中国从法国在这些领域以及在边缘化人群的融入问题上进行的参与实践中能吸取到什么样的经验教训呢？在何种情况下，参与和磋商审议的机制可以在解决实际问题中取得进展呢？它们的运作模式和制度化又会遇到哪些困难？虽然中法两国所处的背景不同，但是双方拥有很多共同的关切：对法国案例的分析可以带来一些启发，提供一些解决问题的方法，帮助人们更好地面对任何政治制度都面临着的困境和障碍。

由布隆迪欧撰写的第一篇论文能让人们理解参与式民主从20 世纪 90 年代末在法国发展起来的背景。这个情况就是有些人所说的代议制民主的“危机”，主要是由于议员与金钱势力勾结而且日益远离人民，这主要通过议员无能力解决经济和环境危机体现出来，其后果就是在选举中弃权的人越来越多，民粹主义和极右翼政党抬头。参与式民主机制被视为修正代议制民主弊端的手段，尤其是通过推动公共空间向一些团体（外来移民、平民阶层、年轻人）开放，这些团体历来都很少出现在公共空间中。在法国各地设置的参与机构都体现了其倡导者发展民主、通过讨论来扩大公共空间、向公民开放决策的明确意愿，其方式就是呼吁有困难而且在政治领域中缺乏代表的社会群体表达意见。倡导者提出了要引入所谓的“参与”政策，以开辟调解社会需求的新渠道，特别是给社会组织提供表达其要求的空间[①]。他们所追求的，是让边缘化的民众（因为在选举中没有人代表他们）参与公共辩论和决策，使其重新对公共生活产生兴趣，参与协会和政党，最终改变权力行使模式，尤其是在地方一级。因此，卡雷尔在她的第一篇论文中提到，公民参与被视为一个“民主学校”，个人在这里学习关于公共利益和公共事务的理性辩论，这样能将冲突——暴力的初始状态——转变成在不同的公共场合中进行论争对抗。正如布隆迪欧所强调的，参与式民主的机制和程序可以凭借其多样性来促成民众意愿的表达，它作为对选举的补充，明确选举的意义。

正因为参与往往被当成解决民主所面临的各种弊端的灵丹妙药，所以从20世纪90年代以来得到了普遍重视。国际和国家领导机构中对参与的一致重视进一步促使参与指令的有力生成，并且为地方政府在这方面的举措提供了合法性，从而避免人们围绕选择这种干预模式或是程序的合法性进行论争[②]。因为鼓动公民来进行参与带有规定性的色彩，会让人们联想到自上而下的逻辑，这与参与所设定的民主目的相悖，也就注定了会失败。

---

① 卡米耶·古瓦朗：《制度化参与和抗议的集体行动》，收录于《国际比较政治杂志》（Camille Goirand, *Participation institutionnalisée et action collective contestataire*, *Revue Internationale de politique comparée*, Vol. 20（4）, 2013, p. 7）。

② 卡米耶·古瓦朗：见前注，p. 13-14。

这一点解释了为什么在分析中要考虑到参与的质量，尤其是磋商的质量，就像卡雷尔和克茨班的论文中表明的：谁参与？怎样参与？根据什么规则和什么模式参与？政府利用参与会产生什么风险？怎样预防这些风险？此外，这种参与的“指令”实际上是由不同的行动者发出的，可以是地方或国家公共机关、国际组织、公民社会组织或是政治领袖，指令的意图和目标各不相同，有时甚至互相矛盾。因为启动参与政策的缘由各不相同：有可能像布隆迪欧强调的，是为了采纳相关居民的观点来应对冲突升级，或者是让公共决策合法化，或者是为了让公共行动更具效率（卡雷尔）。对于某些研究人员或支持参与举措的协会来说，可能是为了回到“民主”这个词的源上头去，试图让“人民的权力”更具实效。但是，就像克茨班指出的，这些政策往往也满足了议员的战略需求，后者同时面对广泛的不信任情绪，公民也向他们表达监控他们活动的意愿，议员们需要找到新的合法化形式。这些政策还可以回应一下政府的战略，即试图领导某些社会群体，疏导他们表达不满情绪，有时甚至限制他们表达政治意愿的要求。对一些根本性政治问题的回避从而被参与、公开透明和效率的言论所掩盖，就像居伊·艾尔梅在讲到“民主治理”时展示出来的一样[1]。去政治化的参与通常在试图采用技术性手段来解答一些社会问题时颇有声望，对这种参与的推广符合政府“重新打造国家的制度合法性”[2]意愿，但破坏了民主的深化。此外，如果说政权机关发出的参与指令的目的是带来双重效应，其一是让这些机关合法化并引导动员行动，克茨班提醒我们，参与式民主就是出于这样的设想，只能是重建代表合法性的一种不完美的工具，永远都不可能完全消除冲突。

本书中收集的论文也提到了很多幻想的破灭。克茨班和卡雷尔强调的自上而下的逻辑不利于来自公民社会的创举，这些逻辑的含义说明这些参与结构没能接过公民动员的接力棒，也就无法阻止冲突和危机，尤其是在郊区地带。在法国等民主国家，政府在承认公民参加共同产出专业知识（卡雷尔）和分享决策权（克茨班）的合法性方面仍有所保留。就像卡雷尔强调的，参与常常被简化成一种虚假承诺，而公民不会上当：呼吁公民去参与，然而决策却早已制订，这只会更加剧民主的危机，更削弱政权的合法性。因此，参与的实践经常仅限于对消费

---

① 居伊·埃尔梅：《治理会是民主之后的代名词吗？对有限多元化的不懈追求》，收录于居伊·埃尔梅、阿里·卡赞茨吉和让-弗朗索瓦·普吕东：《治理——概念及其实用》，卡塔拉出版社（Guy Hermet, *La Gouvernance serait-elle le nom de l'après-démocratie? L'inlassable quête du pluralisme limité*, in Guy Hermet, Ali Kazancigil et Jean-François Prud'homme, *La gouvernance, un concept et ses applications*. Paris, Karthala, 2005）。

② 卡米耶·古瓦朗：见前注，p. 16。

者—使用者征询意见的流程，目的是估量他们对政府机关的期待和满意度，同时要求政府在应对时反应更积极。克茨班诟病于“行政现代化”，在他看来，行政现代化与其说反映了一个民主转折，不如说是公共事业的新自由化转折：因为走向公共事业的真正民主化意味着使用者要参与到公共事业部门导向和运行情况的制定中，不仅仅是评估其效率，简而言之就是要参与到决策中。

参与式民主没有与代议制民主真正决裂的另一个理由可以通过“参与者”的社会面貌得到说明：因为参与者的大会并不能避免再现社会不平等，而这些社会不平等通常都源自政府制定的框架。克茨班指出，少数民族——第一代或第二代移民，公民议事会和街区议事会正式为他们设立的——始终是参与中的结构性缺席者，这就导致了参与机制能让公共空间向一些过去很少参与的全新公民群体开放这一假定是无效的。然而这些挫折和考验始终对参与没有好感，参与有可能会加重民主的危机。出于以上所有原因，布隆迪欧指出要实现政治实践的根本性变化是非常困难的，而克茨班则认为，参与式民主除了反映鲜有政治影响力的微型地方事务之外，只能不尽完善地满足公民直接参与公共事务的期望。

然而，这些文章还是强调了希望。布隆迪欧的第二篇文章陈述了不同类型的参与机制，公民们通过这些机制可以在国家或是地方的不同层面影响政府决策，甚至参与到公共政策的实施中，尤其是在公民参与制定的城市规划方面。法国的一些大城市尤其是巴黎实施了参与式预算，这一直是公民参与决策的一个真正成功的范例。国家委员会尤其是环保和城市规划方面的国家委员会的创立，表明这是一些卓有成效而且与公共行动配合良好的参与机制。布隆迪欧还指出了一些新工具的出现，尤其是数码工具，打开了参与的新局面，同时也为更新政治想象空间作出了贡献。在卡雷尔的第一篇文章中，她分析了在什么条件下参与能依靠相关人士的专业经验和共同决策以自下而上的模式更新公共政策，在第二篇文章中，她表明了当条件都得到落实时，通过推动对公共政策更好的认识，磋商可以对往往被污名化而且远离公共言论的参与者起到解放的作用。

最后，这些文章中的绝大部分都是在尝试回到以下问题："如何分析"社会现象，从而能在法国社会科学研究的方式中突出自省维度的重要性。这些文章的一个共同特点就是向多元科学参照开放，不管是欧洲的还是美国的，这也凸显出作者们希望能建立起国际对话的意愿，我们也希望中国学者能借助这本书加入到国际对话之中。更重要的是，所有的论文都显示出一种批判精神，不管是对其研究的社会现象，还是对其采用的科学参考而言。这些文章并没有表现出民主在法国处于理想状态，而是恰恰相反，指出了一些运转不良之处，因为几位作者都相信批判是改变的动力。社会科学中这种批判与质疑精神正是民主中起作用的、能带来进步的精神。这些文章的作者能借用来自社会科学不同层面的概念和理论，并对此提出疑问，与之对话，这样的能力也是他们创造性的来源。把这些理论放到新的形势中进行考验，这些新形势能让新的问题呈现出来并且改变人们看待问题的方式，从而让人们能重新思考主流的分析框架。因此，书中的一些论文提出要以对行动者更大的关注来取代结构主义的分析，其中又以米歇尔·多布里和李力安·马蒂欧两位作者为代表。本书在选择论文时不是极尽全面，也不体现任何学派的立场，但是这些文章汇编在一起还是能说明目前法国社科研究方法中的主导趋势，而且现在的主要研究方法就是借助必要的定性研究方法回归到对行动者和实践的研究上来，这与英美的定量社会学是背道而驰的，定性社会学可以建立在一种细致的民族志研究之上，这种研究以浸入被研究的社会环境和长时期观察要描述的现象为基础，比方说在李力安·马蒂欧的论文和马里翁·卡雷尔的第二篇论文中就表明了这一点。最后需要指出的是研究者的定位在不同的文章中也在发生变化。埃里克·内弗提出了价值论的中立性，这让人们想起韦伯在《学术与政治》一书中给出的定义："研究公共问题的社会学不是要下到角斗场里去为讨论一个问题的论争者充当裁判，而是要去成为战斗中的一员，或是要求得到比专家经验更大的专业经验。以社会学方式分析公共问题，就是要密切关注和理解被称为诉求者（*claims-makers*）的活动，是研究那些试图将现象转变成问题的个人、团体和机构是怎样进行操作的。"这种定位与克茨班文章中的极具批评精神和介入性的论调或是卡雷尔第一篇论文中的示范性论调形成了鲜明对比，卡雷尔的分析明确地以引导公共行动为目的。这两方面——理论、经验分析的力度与促进社会变革的意愿——相结合，无疑将是当代法国社会科学的一大特色。

柯　蕾

（清华大学中法研究中心主任）

2017 年 12 月

目录

上篇　动员、集体行动和公共问题

下篇　公众参与的进展和局限

Contents

上篇

动员、集体行动和公共问题

剧目与回忆：里昂妓女占领圣尼济耶教堂运动及其影响

李利安·马蒂欧

在对集体行动手法（剧目）的批评性回顾中，米歇尔·奥弗列认为，查尔斯·蒂利创造的“剧目”这个概念有两种不同的用处。一种是“大用”，是从宏观社会学的角度把抗议活动的变革和国家的建构相结合加以研究。另一种是“小用”，即去体会某个群体在发展的某个时刻拥有的全部抗议形式。尽管这个说法略含轻视，我们在此还是要研究一下这个所谓的“小用”，看一看一个特定群体——妓女——建构抗议剧目时需要什么样的复杂条件。这个群体对思考集体行动手法来说是最为有趣的群体之一，因为妓女进行公共抗议还是比较新的事情，距今不过

40 多年。换句话说，如果妓女组成的社会群体如今在抗议动员上积累一定的经验，也能够公开表达自己的要求，那么她们就算有了一套自己的集体行动手法，但过去却并非如此。掌握抗议行动的一系列形式需要一个过程，而这个过程具有丰富的社会学意义。

构建妓女集体行动的手法特征复杂，非常值得研究。从某些角度来看，该手法的构建本身就充满矛盾。占领教堂作为一种行动方式，拉开了妓女闯入抗议领域的序幕。40 年后的今天，那次行动的回响依然连绵悠长。查尔斯·蒂利强调过，抗议行动的手法是通过继承过去运动的遗产来不断完善的，但这场影响巨大的妓女运动几乎没有被复制过。更准确地讲，哪怕占领教堂运动并没有带来实际意义上的继承，但其象征意义历久弥新。因此，我们的全部询问应该指向一种记忆的社会学，以探寻这项孤立的行动是怎样成为妓女斗争的标志性事件的，又有哪些因素促成了它的产生。

1 奠基性的行动

妓女们的反抗并不是完全没有先例。阿兰·科尔班描述过几例 20 世纪初期因患性病而被关进牢笼的女性对强加在其身上的监狱制度做出的反抗。她们的行为没有什么计划性，主要抗议形式就是破坏牢房。这些妓女都被严厉镇压，并被关进了单人黑牢，戴上了手铐脚镣[①]。几十年后，也就是 1959 年 3 月，一队妓女在马赛游行，要求能够“自由从事这份职业”。但根据巢组织（Le Nid）的报告，这次游行实际上是受了旅店店主和皮条客的挑唆[②]。市政府对风月场所镇压得愈发严重，令他们很是担心。1960 年，国民议会投票通过法令，批准法国加入联合国《禁止贩卖人口及取缔意图赢利使人卖淫的公约》时，有几个妓女在国民议会前抗议[③]。

12 年以后，又发生了一次关闭妓院的事件，这次是在里昂。这次的妓女抗议运动已经不再是无足轻重的小事了。1972 年 8 月市警察局爆出一件影响极大的丑闻。有部分警官，特别是道德风化管理处的警官，对提供色情服务的酒店存在偏袒和包庇行为。有些警官甚至就是这些场所的合伙经营人。于是，被收买的公职人员立刻遭到停职和司法调查。调查结果指向好几位戴高乐派的当地政治人物。他们涉嫌勾结抢劫团伙，保护高档妓院老板。这些平日揽客的酒店要立刻停业整顿，这对妓女来说意味着工作条件因这场丑闻急转直下。在此之前，尽管法律

---

① 阿兰·科尔班：《婚礼上的姑娘——19 世纪的性之惨剧与卖淫业》，弗拉马里翁出版社（Alain Corbin, *Les Filles de noce. Misère sexuelle et prostitution*（*19e siècle*）, Paris, Flammarion, 1982, p. 147）。

② 《新收获》（巢季刊）（*Moissons nouvelles*, trimestriel du Nid, Vol. 30, 1959）。

③ 参见《卖淫与社会》（巢季刊新刊名）（*Prostitution et société*, Vol. 125, 1999, p. 24）。

严令禁止，提供色情服务的酒店依然分布在市中心的大街小巷，大部分卖淫活动都在那里发生。这些场所通常是由一些曾经的妓女开办的。周围的站街女揽到客后就到酒店里来提供性服务，经营者能从中获不少利。酒店一关，妓女做生意就不那么方便了。这成为她们最初发起抗议的导火线。

8月24日晚，40多名妇女在离揽客圈不远的雅各宾广场聚集起来。名为《进步报》的里昂当地报纸在第二天报道了她们的行动计划，读来颇有意味。文章首先谈到社会对卖淫业和卖淫者的观点，说到这场抗议活动不太合理，也不太合法。写文章的记者满含居高临下的嘲讽语气，说这样一场“月下美人”的集会抗议只不过又“为街区的居民和闲散人员制造了又一个笑料和谈资罢了”[①]。文章也同时报道，这些妓女决定第二天下午在同样一个地方[②]集合，然后集体去警察局申冤。大群看客于是提前获悉了事件，亲眼看到妓女初次抗议的尝试以失败告终。后来，该记者的跟进报道再一次对事件进行讽刺，认为“在大量对此感到有趣的观众面前”，“一群深思熟虑后鼓起勇气想要

---

① 参见《雅克宾广场昨晚有四十多名“风尘女子”组织了一场会谈》《进步报》(*Hier soir*, *place des Jacobins*, *une quarantaine de* “*belles de nuit*” *organisaient un meeting de concertation*, *Le Progrès*, 25 août 1972)。

② 雅克宾广场当年是里昂游行经常采用的起点。

向公众解释自己不值一提的小委屈的女士”表演了《一场滑稽剧》[①]。在围观者看来，妓女在公共场合表达诉求的行为缺乏合理性。400人中只有30人走上里昂街头加入抗议的行列，就连她们自己也觉得人数少得可怜，无法产生真正游行的效果。这场游行最终以闹剧收场，赶来的警察声称要护送她们去警察厅，结果却把她们押到了拘留所。

对于研究集体行动的社会学来说，从妓女这次街头抗议请愿行动失败中可以总结出两方面的经验教训，虽然这两者互相矛盾。一方面，对这种街头请愿的行动[②]，“我们已经走到了漫长归化过程的尽头”，但同时，恰恰也要防止见怪不怪，习以为常。事实上，在法国社会中，抗议游行已经成为表达集体不满最常用也最常见的手段，以致妓女们立即认为这种形式是一种可能的请愿方式。然而，她们在这方面经验不足，没有认识到一场成功的抗议游行取决于许多必要条件。比如，要在游行中表明抗议者的真实身份。抗议意味着参与者就在光天化日之下抛头露面了。这次抗议活动是一场极为冒险的行动，因为大部分的妓女都希望匿名，她们选择了做逃兵。由于缺少一些要素

---

① 《里昂：风尘女子的玫瑰暴动》《进步报》，1972年8月26日。另一个带嘲讽口吻的是对这场游行的记忆记录，即贝特朗·塔维涅（Bertrand Tavernier）的《圣保罗钟表匠》（1974）这部电影里：开头一幕是朋友间愉快聚餐（只有男人在场）。一个人提到“婊子的游行”，还说自己也参加了。另一个人问他游行的人是不是高举着“劳动工具”。

② 奥利维耶·费略勒：《街头战略》，政治学院出版社（Olivier Fillieule, *Stratégies de la rue*, Paris, Presses de Science Po, 1997, p. 170）。

（足够多的参与人数、标语、横幅、喊口号和秩序安排等），让一场真正的抗议游行和三五人聚集的非正式集会区别开，这场小游行就显得不合理，也不值一提。它的失败说明任何一场抗议活动都需要行动者掌握基本的实践技能。在这方面，不同的社会群体掌握的程度也不一样，而妓女是最缺乏这方面素养的群体之一。

从社会学的角度来看，1972 年 8 月的这场运动失败的原因在于，里昂的妓女们缺乏对集体行动方法的掌握。如果按照蒂利的观点，即“行动手法是行动者积累的经验与当局战略对策交织的模板”[①]，那么这些妓女对集体行动一些约定俗成的形式缺少认知，警察也就更容易让她们的行动走向失败。蒂利认为，手法是通过经验的积累而形成的，这也是妓女极为缺少的东西。她们是新手，对抗议运动的传统一无所知，也因此犯下了重大错误，行事方式极不恰当。因为没有自己制定的行动方法，为了让行动更加有效率，这些妓女就生搬硬套。

实际上，妓女的不满并没有因为抗议失败而减弱。先前腐败的警官已被撤职，新上任的警察们在对待妓女时态度更严厉，寸步不让，想借此展现正派作风。她们面临着主动拉客的骚扰指控。同时，因为酒店关门，她们又不得不更加抛头露面地去

---

① 查尔斯·蒂利：《英国和法国当代集体行动手法的起源》，收录于《20 世纪》期刊（Charles Tilly，*Les origines du répertoire de l'action collective contemporaine en France et en Grande-Bretagne*，*Vingtième siècle*，Vol. 4（1），1984，p. 99）。

拉客。频繁的警察突击行动使许多妓女被关押。野蛮镇压愈加放肆。许多妓女一天中被带到警局做数次笔录，其中有的并没有卖淫。妓女们在这场镇压中处境越来越艰难，因为警方根本懒得操心她们的人身安全问题。3 月到 8 月间，有三名妓女被杀，凶手也未绳之以法。1975 年初，妓女的愤怒再次升级。当时好几名妓女收到了根据她们收入水平粗略估计出来的缴税通知，但恰在此时，新出台的一项法律规定，频繁拉客的妓女要被关押服刑。她们许多人有孩子，有可能被剥夺孩子的抚养权。再次发动一场抗议运动显得极为必要和迫切，但行动方案的选择仍是一个问题。因为她们制定行动手法时唯一可参照的经验便是上次的失败，而这次却无论如何不能重演失败了。《解放报》在 5 月 23 日报道妓女日益增长的不满时，引用了以下几句话："抗议之类的行动只能让人耻笑，我们决不再干了。但是，哪怕结局悲惨，我们也会直面困难！"

尽管如此，妓女们仍旧是有人支持的，比如巢运动就很支持她们。巢运动协会是社会天主教流派的废除卖淫业团体。协会成员经常通过游行来支持妓女，鼓励她们离开卖淫行业①，还替她们辩护，揭发警方的恶劣态度。从 1972 年起，协会就开始揭发警察的暴行，为妓女的权益奔波呐喊，并召集决心最坚定的妓女们开

① 关于法国取消卖淫业的运动和巢组织在其中的核心位置，参见李利安·马蒂欧：《拉客的结束：取消卖淫业运动的社会学》，弗朗索瓦·布兰出版社（Lilian Mathieu, *La Fin du tapin. Sociologie de la croisade pour l'abolition de la prostitution*, Paris, François Bourin, 2014）。

会，草拟即将开展的运动计划。当时协会的里昂分会由一位名叫路易·布朗（Louis Blanc）的教士和一名神学院学生主持。这名学生名叫克里斯汀·德罗姆（Christian Delorme），致力于“无暴力化的协会运动”。两人均受到了巴西教育学家保罗·弗莱德“觉悟教学”方法的启发。“受压迫者”自动解放能力的研究中运用了该方法[①]。“巢”活动分子承认妓女抗议运动的合法性，同时希望妓女通过参与请愿活动，能够意识到卖淫是一种自我异化的行为。巢组织的活动分子把自己的角色限制在建议和支持运动上。抗议运动在1975年春天展开。巢组织认为妓女应该全面掌控运动。他们的建议和支持主要体现在把自己的技能传授给妓女们，也就是说，他们教给妓女的是集体行动手法。

那个时期的抗议活动恰好多在左派天主教氛围的地方举行，其形式就是攻占天主教堂。自1972年起，禁止外国劳工在法国

---

① 保罗·弗莱德：《被压迫者的教育学》，弗朗索瓦·马斯佩出版社；李利安·马蒂欧：《1970年代战斗精神的意识化》，收录于菲利普·阿曼恩、让-马修·梅翁、布努瓦尔·维利尔（主编）：《饱学之词和战斗檄文：各种类型的混合》，阿尔马当出版社（Paolo Freire, *Pédagogie des opprimés*, Paris, François Maspero, 1974; Lilian Mathieu, *La* “*conscientisation*” *dans le militantisme des années* 1970, dans Philippe Hamman, Jean-Matthieu Méon, Benoît Verrier (dir.), *Discours savants, discours militants: mélange des genres*, Paris, L'Harmattan, 2002, 251-270)。

工作的马瑟林-冯达磊（Marcellin-Fontanet）政府通报实施后[①]，这样的占领行动常常由面对非法移民的工作者发起，并以绝食的方式进行，要求给予非法移民合法身份。提供支持的协会组织在宗教界的人脉关系常常让绝食示威者更容易被容纳，而且一些对移民怀有慈悲心肠的教士也为抗议人员提供场地。乔安娜·希梅昂（Johanna Siméant）写道，宗教建筑空间提供了一种“去领土化”的能力，让既需要保持某种公开性，但又不得不屈居于某种秘密状态下的斗争得以开展：教堂庇护的传统给这些警方拟抓捕的人员提供了实质性的，同时又具有象征意义的保护[②]。宗教建筑具有的这种庇护能力让抗议者在这个“自由空间”里免受制裁。这也吸引了里昂一些支持妓女协会的目光[③]。通过占领教堂这样一个封闭之所，参与抗议的妓女们可以进行一场完全集体性的运动。在一个地方集合令许多参与者不必再像三年前那样，因为害怕自己的身份暴露在众目睽睽之下而选择弃逃。妓女汇聚在一个充满宗教信仰的地方是有象征意义的

---

① 教堂里绝食的不只有无身份者，也包括面临驱逐出境威胁的外国运动分子、不顺从的人。他们也在同一时期采取了这种行动模式。值得注意的是，克里斯汀·德罗姆（Christian Delorme）几年后在移民斗争中采取了更积极的手段，绝食抗议“双重刑罚”，并与人一起组织了第一次移民子女的“平等大游行”。参见李利安·马蒂欧：《双重刑罚：未完成的斗争历史》，争辩出版社（Lilian Mathieu，*La Double peine. Histoire d'une lutte inachevée*，Paris，La Dispute，2006）。

② 乔安娜·希梅昂：《无身份者的事业》，政治学院出版社（Johanna Siméant，*La Cause des sans-papiers*，Paris，Presses de Sciences Po，1998，324-325）。

③ 1905 年建造的教堂属于公共建筑范畴，但警察只有当宗教权威要求的时候，才会干预。1905 年后建造的是私人建筑。驱赶占领教堂的妓女时没有尊重这种区分。

绝妙一击：作为伤风败俗化身的妇女来到神圣的地方求得庇佑，只会引发人们议论，同时这个举动也让人联想到一大群以抹大拉的玛丽亚（Marie de Magdala）为代表的深植于人心的基督教人物。从中可以看出，借鉴另一个抗议运动的行动手法时需要因地制宜——妓女们并没有进行绝食抗议——活动的意义也不同。这次由“生活败坏”的妇女发起的抗议带有离经叛道的特征，这也是移民劳工活动所不具有的特征。

米歇尔·多布里曾说过：“首先，剧目的运作清晰体现了定型后的行动方法。这些方法也许可能，也许不可能；也许可及，也许不可及；也许有一定效果，也许无效；也许不需要太多付出，也许充满风险；也许名正言顺，也许反常；也许不合法，有时还可能很丢人。”[①] 在妓女抗议活动的准备阶段，以上这些特征都是可以预测的。起初，她们想占领市政厅或者向省政府，但她们的支持者警告她们这样的计划很不现实。至于谁最先提出占领教堂，可谓众说纷纭，后来所有的证词都将其归功于外援，也就是这里唯一拥有运动能力和经验的人，而不是妓女们，这就很说明问题了。集体行为之所以成为可能，是因为有一种自我奉献精神在背后支撑着：妓女们丧失对自身运动的定义权

---

① 米歇尔·多布里：《意识的计算、竞争和管理：关于1986年11月12月的学生游行的几点思考》，收录于皮埃尔 · 法夫尔（主编）：《游行》，政治学院出版社（Michel Dobry, *Calcul, concurrence et gestion du sens. Quelques réflexions à propos des manifestations étudiantes de novembre-décembre* 1986, in Pierre Favre (dir.), *La Manifestation*, Paris, Presses de Sciences Po, 1990, p. 363）。

并接受这一事实，正是为了让更多人看到这项运动。这也证明了布迪厄所提出的原则："永远要主动去冒政治上被异化的风险，以避免在政治上被真正的异化疏远。"①

5月份决定占领教堂以后，巢运动在教堂的选择以及物资的准备方面扮演了一个关键的角色。最后地点定在圣尼济耶教堂，因为这个教堂位于里昂的一个动荡地区，也是虔诚的妓女频繁出没的地方。教堂的神甫很快被说服，认同了抗议活动的合理性。但和天主教领导阶层的协商却比较棘手。当时在位的大主教雷纳尔是著名的保守派。巢运动通过宗教界的人脉巧妙地绕过了这个障碍：副主教曾经是巢运动的指导神甫，巢运动求助于他，而他很快地给这次行动开了绿灯。然而这次行动并不仅仅由外部因素推动，也和妓女群体内部的逻辑和运转形式有关。在这方面，外部支持力量难以插手。尽管当时的卖淫空间很不正式，但并不是一盘散沙，反而有不同的组织，由掮客统辖，把部分权力下放到一部分妓女手上，由她们管辖其他妓女的卖淫活动。她们的权威已经得到确认，于是这些人也更加容易地担任运动的领导。尽管已有了等级划分，但也避免不了部分人弃阵脱逃的行为。运动最终能够进行，也依赖于选择的很多负

① 皮耶·布迪厄：《代表团》，收录于《说出来的话》，午夜出版社（Pierre Bourdieu, *La Délégation*, in *Choses dites*, Paris, Minuit, 1987, p. 186）。

激励措施，比如放狗威胁想搭便车的妓女[①]。

出于对有人向警方泄密的担心，起初妓女们被告知，6月2日早上在圣波拿文彻（Saint Bonaventure）大教堂集合。得到消息赶到教堂的警察很快意识到自己被愚弄了。此时，100多名妓女正在转道去圣尼济耶教堂的路上。教堂的墙上很快挂起一条横幅，上面写着："我们的孩子不愿意看到母亲坐牢。"有人在教堂前发散小册子，封面写着："站在您眼前的，首先是孩子的妈妈。"这种突出母亲身份并巧妙掩饰卖淫者与性方面的关联做法非比寻常，也充分体现了天主教活跃分子发挥的作用——他们与妓女们积极沟通、协商并负责宣传单的起草和请愿内容的编辑。占领活动在媒体界引发的强烈震荡超出了所有抗议者的预料。全国性以及国际性的报纸先后聚焦于圣尼济耶教堂，但都不确定该以严肃还是以调侃的语气来报道此事。新的支援力量陆续加入进来。一部分来自于与巢运动意识形态相近的组织，一部分是来自共同反对右派政府的群体。左派和极左派力量全部加入到抗议的阵营中。最有意义的是，自认为是左派非共产主义社会运动发言人的《解放报》也拿过接力棒，为妓女们发出了最热忱的呐喊和请愿。女性主义运动也为占领运动提供了重要的支持。尽管女性主义者对触及女性身份和性问题的斗争

① 曼苏尔·欧思龙:《集体行动的逻辑》，法国大学出版社（Mancur Oslon, *Logique de l'action collective*, Paris, Presses universitaires de France, 1977）。

不会无动于衷，却从没有思考卖淫这个问题。赢得最近堕胎议题胜利后依然活跃的女性主义运动虽然为妓女抗议活动提供了很多支援，但据一位成员受访时讲，她们还是持观望态度，采取“顺路搭车”的行为。女权运动的加入同时也导致了其和巢运动关于支持性质方面的竞争关系。

里昂城里的运动在周边城市也激发了强烈的震荡。这些城市的妓女纷纷将目光投向教堂。6 月 6 日，100 多名马赛妓女占领了麻田街附近的一座教堂。与此同时，在格勒诺布尔，十多名妓女汇聚在圣约瑟夫教堂。第二天，50 多名巴黎妓女占领了圣柏纳教堂。她们得到了家庭事务办公室的支持。女性主义哲学家波伏娃也来探访她们，以表支持。这次占领行动在地理意义上的扩散壮大了她们的队伍，但同时抗议目的的一致性也有所减弱。里昂抗议运动的目的其实是反对当地警察的镇压。其他城市妓女抗议请愿的目的则稍有不同：在巴黎是为了反对关闭提供色情服务的酒店；在马赛是为了通过请愿，减弱对卖淫操纵行业的镇压。妓女们也要求获得社会保险，要求社会承认自己“职业”的合法性。最初的考虑中并不含这些要求，巢运动成员对此感到担忧。

妓女们直接当面质问政府，要求对话，但政府对此充耳不闻。在持续强烈的要求下，主管妇女事务的国务秘书弗朗索瓦丝·吉鲁（Françoise Giroud）和卫生部部长西蒙娜·薇依（Simone Veil）声明，该事务不属于她们的管辖范围。6 月 10 日早上，内政部部长米歇尔·波尼亚托夫斯基（Michel Poniatowski）下令警方遣散教堂的占领行动，才让僵持的局面有所缓和。为了补偿野蛮镇压借宿在教堂的女性带来的象征性损失，同一天，法国总统瓦勒里·季斯卡·德斯坦（Valéry Giscard d'Estaing）委命检察官居依·皮诺（Guy Pinot）作关于妓女社会地位的调查报告。抗议活动被终止并没有让妓女们泄气。6 月底，一场主题围绕卖淫行业总体现状的公众集会在里昂劳动力交易所举行，这个地方也是社会抗议运动的标志性地点。数月后，在 11 月 7 号那一天，同样性质的集会在位于巴黎的互助之家（La Maison de la Mutualité）这个斗争运动的重要地点举行。每次集会都将源自里昂的抗议运动扩散到各地，也见证了妓女们如何学会运用一些最典型的集体抗议模式，即蒂利所描述的“集体行动的第二种手法”[①]。妓女的不同支持者当然为她们提供了较为有用的建议，让她们加快学习抗议的各种“合理形式”，但也为她们提供了有决定性意义的物质支持（如计划生育协会为她们租用的互助之家的场地）。

妓女们也学会了发挥主观能动性，在外界支援的基础上创新她们的策略。在 6 月 30 日的公众会议召开后，以妓女为主的 100 多人来到了总统的府邸瓦尔瓦斯城堡（Château de Varvasse）。在城堡里值班的几个守卫宪兵完全无法阻止她们进

① 第二种手法是全国性、自主性的，兴起于 19 世纪中叶。查尔斯·蒂利：见前注（Charles Tilly（1984），*art. cit*）。

入公园野餐。她们还挂起了横幅，上面写着“拒绝镇压”“拒绝妓院”。8 月 22 日晚上，里昂的一些妓女在她们附近性用品商店和色情电影院墙上贴上了海报，控诉它们是“淫乱的始作俑者”。10 月 18 日，名为尤拉（Ulla）的一位运动领导人威胁，如果内政部长不下令停止警方的镇压活动，她就要干扰“部分选举”[①] 活动。尤拉宣布，300 名妓女将免费为所有的投票人员提供一次性服务。这一点显著表明行动通过重拾原本的性色彩，摆脱了巢运动支持的束缚。

里昂妓女发起的最后一次行动是在 1976 年 4 月。40 多名妇女冲进全国就业指导处，要求国家为她们提供替代性的职业机会。自那以后，运动的主要领导人逐渐从运动中抽离，也不再进行卖淫活动。居依·皮诺关于运动的情况汇报到政府，但是石沉大海。抗议的声音随着刑罚的赦免和对揽客活动打压力度的减轻而逐渐变弱。由于缺乏稳固的组织基础，外界支持力量不赞成继续发起请愿活动（巢运动的例子），支援力量转向新的斗争领域（女权和极左派力量的例子）。由于自身缺乏让活动持续进行的必要资源，1975 年春天爆发的这场抗议运动一年以后最终完全谢幕。

① 部分选举指的是在任议员辞职后，为选举代替议员而在一个选区举行的特殊选举。——译者注

2 遗产与回忆的工作

里昂城里发起的这场运动还没有产生真正的收益，就变得悄无声息了。妓女与警方的关系开始逐渐缓和下来，但普遍性的主张，尤其是与社会保险有关的诉求，尽管有皮诺报告的建议作为支持论据，却仍旧毫无影响。但是，这个失败在很大程度上被起初毫无胜算，最终却获得了重大成功的运动所挽回了：受社会羞辱和压迫最深的女性第一次在公众面前获得了话语权，她们的诉求也得到了承认[①]。比起 1972 年 8 月运动最初失败时的轻蔑，媒体的态度前后对比十分明显。圣尼济耶教堂占领行动并无后续，但该运动被视作一次标志性事件，后来也被妓女视为创始性的斗争运动。这也是我们在研究时应该关注的地方。

通过出版著作等方式，这次运动的记录整理工作得以立刻开展。在运动的余温还未冷却时，这项整理工作无疑是必要和紧要的。早在 1975 年秋，由《解放报》记者克洛德 · 雅格执笔的《婊子的一辈子》得以出版[②]。该书记录了六名里昂妓女生活

---

① 关于运动“成功”拥有某种存在形式和公共合法性，参见威廉姆 · 甘姆森：《社会抗议战略》，贝尔蒙出版社（William Gamson, *The Strategy of Social Protest*, Belmont, Wadsworth, 1990）。

② 克洛德 · 雅格：《婊子的一辈子》，今日报刊出版社（Claude Jaget, *Une vie de putain*, Paris, Les presses d'aujourd'hui, 1975）。

的方方面面。此书反映了极左派，更确切地说是毛派组织对妓女抗议运动的支持。因为该书收录在《野性法国》（*La France sauvage*）文集中，该文集由让·保罗·萨特与两位前无产阶级左派倡导者米歇尔·勒布里（Michel Le Bris）和让·皮埃尔·勒·当泰克（Jean-Pierre Le Dantec）共同主编[①]。该文集见证了妓女斗争与当时社会运动空间的融合，收录了反对拉尔扎克军营扩张的斗争、奥克地区和布列塔尼地区地方主义者的斗争、囚犯的暴乱和法国共产党的批评文章。

雅格执笔的这本书记录了抗议运动排头兵尤拉的一则匿名但可以看得出作者的叙述。书的封面有一串人名，尤拉的名字排在第一。这场集体运动和发言人尤拉之间的关系在运动中就已经很复杂。相比于大部分妓女，尤拉具有更强的政治意识和更多的资源。她很早便加入反镇压的运动，并在其中发挥重要作用。她很快便在团队当中占据核心地位，她的领导能力也得到了其追随者和巢运动的认可。她在 4 月份参加过一个名为《荧屏档案》的电视节目，节目中她头戴面巾，与人就妓女主题进行辩论。因此，她的名字在占领教堂运动之前便和妓女事务联系在一起。随后她决定向大众公开面貌和身份，并被媒体认作妓女事务的代言人。自然，快速写就并在 1976 年初通过一家萨瓦省的小出版社编辑发行的《尤拉眼中的尤拉》也更加夯实

① 这三个人之前都做过报纸《人民的事业》的主笔（*La Cause du peuple*）。

了她的身份[1]。然而，关于她的领导能力也有一些反对的声音。比如，里昂的另一名妓女芭芭拉（Barbara）也很有集体运动的能力。她通过建立与女性主义者的优先结盟关系，通过表达对尤拉某些言辞的反对，也迅速成为行动的另一位代言人。1977年，她出版了一本书，从个人的角度回忆了当时的运动，描述运动的历程和自身的位置。该书是子夜出版社发行的丛书之一，由女性主义精神分析师露丝·伊里加蕾整理而成[2]。虽然这本书出版时间较晚，但获得了更多的认可。

电影也是回忆整理抗议运动的方式之一。在运动期间，女性主义视频艺术家卡萝尔·胡索布罗斯（Carole Roussopoulos）在圣尼济耶教堂里架起了摄像机，记录与这些抗议者的对话。她们或将脸遮住，或直面镜头。这些影像同一天会在教堂前的大屏幕里播放，让关心此事的里昂居民能够了解驻守在教堂里的女人们到底要求什么。而这些静默不语观看电影的路人，首先是男人，也成为另一部纪录片《开口说话的里昂妓女》的拍摄素材。该片直白地道出了妓女们的诉求，描绘了她们的家庭

---

① 尤拉：《尤拉眼中的尤拉》，夏尔勒·德努出版社。之后，尤拉又出版了两本半描述半虚构的著作，给出了大量关于她与伴侣兼掮客关系的信息。对这个主题如此大力地描写体现了作者在公共场合采取的姿态的变化，以及对卖淫业的总体谴责这一趋势。尤拉与巢组织关系越来越密切，而后者愈加僵化。参见《苦涩的爱情》《侮辱》，加尔尼尔出版社（*Ulla par Ulla*, Albertville, éditions Charles Denu, 1976. Ulla, *L'Amour amer*, Paris, Garnier, 1980. Ulla, *L'Humiliation*, Paris, Garnier, 1982）。

② 芭芭拉、克里斯汀·德·柯妮克：《一分为二的女人》，午夜出版社（Barbara, Christine de Coninck, *La Partagée*, Paris, Minuit, 1977）。

生活以及她们与客人的关系。这部纪录片也成了纪念70年代女权运动的代表作品。

还有一部风格非常不同的电影，那就是由让·弗朗索瓦·达维（Jean-François Davy）执导的《卖淫》。该片于1976年发行，以纪录片的角度，将妓女的日常活动与全国互助之家协会（Assises nationales de la Mutualité）相结合。但是，电影对妓女、揽客场景的重现又让它带有色情特征。电影延续了导演以前电影的主题——拍摄色情业的内部。有批评家认为，这部电影哗众取宠。批评者中也不乏在电影中被采访的妓女，比如格雷塞丽蒂丝·瑞亚勒（Grisélidis Réal）。她听说了圣伯纳教堂被妓女运动占领以后，就不再卖淫，并立刻加入了抗议的队伍，积极活动。这次运动成为她漫长职业生涯的起点。在日内瓦重操旧业并以写作谋生后，她就一直为妓女的事务奔走。她是日内瓦阿斯帕奇亚（Aspasie）协会的联合创始人，又活跃于国际妓女权益委员会①。在其他几名主要的运动领导人纷纷从抗议中退场时，格雷塞丽蒂丝继续单打独斗，并在1975年后书写了关于斗争的历史。事实上，直到2005年去世时，她一直是那场运

① 国际妓女权益委员会（ICPR）的总结记录表明，直到1975秋天，瑞亚勒和巴黎运动的领导索尼娅在巴黎会见了玛戈圣詹姆斯（Margo St. James）（“北美郊狼”1973年创立时的创始人）。她们和波伏娃在这次会面中似有谈及建立国际妓女权益组织的计划。1980年代初，ICPR在圣詹姆斯和女性主义心理学家盖尔·菲特尔森的带领下实现了这一计划。参见盖尔·菲特尔森：《妓女权益辩护书》，海豹出版社（Gail Pheterson, *A Vindication for the Rights of Whores*, Seattle, The Seal Press, 1989, 5-6）。

动罕有的几个“正面记忆”代言人之一，尽管在占领教堂运动中她并没有过于抛头露面，也从来没有参与里昂那一场最核心的运动。这种正面记忆让人联想到她和尤拉的对比：她在公众面前表现的是忠于1975年运动的姿态，而尤拉却不断讲述掮客在其中扮演的角色，对运动的描绘逐渐趋于负面。

我们说过，抗议运动在国外也引发了强烈的震荡。在英国，里昂运动范例的影响最为明显。在法国抗议运动的浪潮中，英国妓女联盟（ECP）成立了[①]。该联盟是带有女性主义色彩的妓女组织，在英国广泛传播法国抗议运动的影响。英国妓女联盟将克洛德·雅格的文集翻译成英语[②]，并邀请尤拉到英国出席发行仪式。1982年11月，在法国抗议运动的影响下，25名妇女占领了伦敦国王十字街区的圣十字教堂（Church of the Holy Cross）。这25位蒙面妇女中有的是妓女，有的不是。占领教堂达12天的女性借此向警方镇压以及外界对黑人妓女的歧视提出了抗议。在女性主义力量、同性恋组织（较温和，较摇摆不定）以及英国国教教会代表的支持下，占领者们要求与警方进行对话。她们的对话要求也在12天后得以通过，给占领运动画上了

---

① ECP的发言人塞尔玛·詹姆斯不是妓女，而是参与过地下运动的女性主义者。她当时领导着一场要求承认家务劳动并给予报酬的运动（Wages for housework campaign）。ECP呼吁取消让妓女更加边缘化、脆弱化的法律和警务行为，建立让她们重归社会的结构设置，但并不主张把卖淫当作职业予以承认。

② 克洛德·雅格：《婊子的一辈子》，墙塌着出版社（Claude Jaget，*Prostitutes：Our Life*，Londres，Falling Wall Press，1980）。

句号。

虽说这场占领运动达到了目的，也吸引了英国媒体的一些关注，但并没有达到法国抗议运动那种夺人眼球、树立典范的效果，也从侧面反映了在妓女群体内部形成一套行动手法有多么困难。ECP 成员在集体行动上尚缺经验，所以她们套用已成为妓女世界行动模板的行动方式也不足为奇。英国的抗议者通过沿用一种已被他人证明能够获得成功的模式来获得占领教堂运动的合法性，同时希望她们的占领运动能够达到和里昂那场运动一样的高度。

但她们忽略了使里昂运动成功的一个重要因素：这场运动以其前所未有的，近乎不可能实现的特点，获得了媒体界的大量关注。这时，占领教堂运动才成为一种榜样式的行动模式。在复制别人模式的同时，英国的抗议者难免会给人一种“似曾相识”的感觉，从而无法制造出七年前里昂抗议者制造出的惊人效果。通过对比《泰晤士报》对前后两次事件的报道篇幅、报道方式（一个是封面文章，一个是新闻报道）、文章位置、有无图片等，我们可以看出，伦敦的妓女采用了一种所有妓女都会采用的行动模式，在创新性方面就丢了分，而法国妓女发起的运动要远比她们英国姐妹们发起的运动更引人注目。这种创新性正是占领圣尼济耶教堂运动在媒体上取得成功的原因。所以，简单复制不如创新来得有效。

妓女们的抗议运动在法国以及其他地方得到了进一步的发

展，与占领圣尼济耶教堂这个有奠基意义的运动存在着一种复杂的关系。圣尼济耶那场运动虽然有名，却难以复制，不算作集体行动方式。集体行动同时吸纳了社会运动中的其他经典行动，包括游行或公众集会；也做了适当的调整，比如戴口罩抗议以掩盖身份。我们也可以这么讲：教堂占领运动如果只是用来被怀念，只是起到一个象征性的增强凝聚力的作用，这种模式便不会再被妓女们采用。这里也涉及一种特定的演进方式，正如持续占领教堂以示抗议的非法劳工运动那样。

1975 年里昂的占领运动震惊世人，妓女们的行动因此获益。不能复制这种惊人的效果却并不是之后运动难以望其项背的唯一理由。我们可以看到，这场抗议运动通过巢运动获得了天主教教会的有力支持。这种抗议运动和主张废除卖淫业协会的同盟关系很难在之后的运动中延续。“巢”组织在 70 年代初对极左派敞开了大门，但在接下来的十年中，其意识形态却逐渐变得僵硬，常常以质疑甚至仇视的态度看待社会运动。妓女的抗议运动也被怀疑为皮条客卖命。它对圣尼济耶教堂占领运动的矛盾态度体现在：该组织在日志中将自己描述成一股重要的支持力量，但同时它对占领运动有许多质疑。在该组织看来，妓女对皮条客的态度模棱两可，她们要求能和自己选择的伴侣生活，这些都显得动机不纯。1999 年，一篇“巢”组织报纸的文章写道：“1975 年巴黎巴柏斯（Barbes）地区的酒店老鸨在背后支持这些妓女占领圣伯纳教堂……在马赛，她们在妓女抗议活动中相互接头。谁在真正地抗议？谁站在这些妓女背后？卖淫行业获得承认后，谁获益最多？"[1] 在巢运动组织看来，妓女对淫媒发表的谨慎言论和希望与自己选择的伴侣共同生活的愿望都令人怀疑她们的真实动机。

1995 年正值运动发生 20 周年之际，巢运动里昂分会自忖对该事件的回忆有一定程度的把握，召开了新闻发布会，尤拉也被邀请赴会。[2] 在发布会现场，两派观点针锋相对。一派认为重点应在如何让妓女放弃卖淫活动，比如将这种行为视为一种不适应社会的表现，需要社会援助工作者介入，帮助她们洗心革面。以卡比莉亚协会为代表的另一派的观点认为，如何做好当下卖淫者的艾滋病预防工作才是重中之重。要改善妓女的工作环境，以更积极的方式组织运动。

在此需要指出的是，这次纪念会是各个组织协办的，与妓女本身并没有关系。妓女们连一个为她们保留对这桩事的回忆的机构都没有。20 世纪 90 年代中期对里昂妓女的人类学研究让我认识到，绝大多数卖淫者，无论男女，几乎都没听说过 20 多年前的那场运动。有限的几个至今还在从事卖淫业的抗议参与者其实没有向当地的新人传递任何经验，和她们没有联系。这

① 《当女性卖淫者游行时》，收录于《卖淫与社会》（*Quand les femmes prostituées manifestent*，*Prostitution et société*，Vol. 125，1999，p. 25）。

② 法国国家电视三台罗纳-阿尔卑斯地区台为了这个纪念日制作了一部电视报道，其中有尤拉、戴面纱的芭芭拉及其他妓女。

些新人的生活异常艰苦。这种情况也从反面印证了哈尔瓦克斯的论断：让记忆维系与传递下去的“框架”是具有社会性的，而每个社会群体都有自己的框架。而且，维系与传承的前提是有一个真正意义上的社会群体。像妓女这样一个极其不正式且缺少凝聚力的群体，并不能构成一个真正的社会群体。[①]

2003年内政安全法的通过导致政府对拉客行为的镇压愈加严厉。这体现了卖淫业的政治化。此后的几年，主张废除卖淫业和源自“性工作者”的运动的冲突越来越明显。前者下定决心，要铲除被认定为奴隶制的卖淫业；后者部分来自抵抗艾滋病的人群。保罗·弗莱德推行的觉悟教学法作为参照，在巢运动内部消失已久。巢运动认为卖淫者在本质上已被奴化。他们对仍旧从事卖淫业的人没有一点信任。

事实上，是废除卖淫业的势力发起并促成了这项运动，但也是这股势力在逐渐遗忘这次运动。这正好让更偏向于称妓女为“性从业人员”的另一派占了上风。在魁北克出版的《斗争XXX——性工作者运动带来的思考》一书号召举办一场全球的“性从业人员运动”。该书封面选用的是占领圣尼济耶教堂运动

---

① 莫里斯·哈尔瓦克斯：《记忆的社会框架》，阿尔班·米歇尔出版社。关于活动组织在集体记忆传承中扮演的部分角色——因为这个角色的另一部分被个人的命运轨迹和其在社会中的地位中和了——参见玛丽-克莱尔·拉法布尔：《红线：共产主义记忆的社会学》，政治学院出版社（Maurice Halbwachs，*Les Cadres sociaux de la mémoire*，Paris，Albin Michel，1994［1925］；Marie-Claire Lavabre，*Le Fil rouge. Sociologie de la mémoire communiste*，Paris，Presses de Sciences Po，1994）。

的照片[①]，极有象征意义。该书内有我在《法国社会学》期刊里发表的专门讨论占领运动的文章节选。此文称这次占领运动是点燃性从业人员“环球性组织”的“火花塞”。可是在占领运动的时期，参加抗议活动的妓女从来没表达过这样的诉求。

十多年以来，卖淫问题在法国逐渐被政治化，并激活了人们对这次占领活动的回忆。2008 年 6 月 2 日，为了抗议政府抓捕了几名揽客的妓女，卡比莉亚协会在尤拉和她的姐妹们曾占领过的教堂前组织了一场集会，并在公示中写道，“今天是 2008 年 6 月 2 日，星期一。圣尼济耶教堂占领运动 33 周年后，里昂的妓女们希望向大家控诉生活的艰难，并重申停止镇压卖淫业的紧迫性”[②]。几年后，6 月 2 日被视为“国际妓女权益日”，并在巴黎形成了举行“妓女之骄傲”活动的传统。该活动由成立于 2009 年的妓女工会（STRASS）来组织。

抗议运动的核心一直都是揭发警方的镇压活动。如今，抗议的言论更加细致丰富，表达的诉求也更加具体。这都要求给这份 1975 年时还很“令人羞于启齿”的职业予承认。今天的卖淫者——至少在其中最活跃的人——对外部的依赖明显减少。

---

① 玛利亚·宁歌·门萨博、克莱尔·萨提布多和路易丝·布图潘（主编）：《斗争 XXX：性工作者运动带来的思考》，乐和睦·睦梅娜志出版社［Maria Nengeh Mensah，Claire Thiboutot，Louise Toupin（dir.），*Luttes XXX. Inspirations du mouvement des travailleuses du sexe*，Montréal，Éditions du Remue-ménage，2011，20-21］。

② 参见 *Prostituées de Lyon*：*Ni victimes*，*ni délinquantes*，2015 年 3 月 5 日，http：//www. cabiria. asso. fr/article/prostituees-de-lyon-ni-victimes-ni

这主要和性工作招聘的社会转变有关。其实这样反而更好，因为 1975 年那批支持妓女抗议运动的人如今对她们充满了仇恨。我们看到，主张废除卖淫的人们对她们很有敌意，同时，其他女性运动主要分支的支持者也都仇视妓女。这些支持者改变了想法，将卖淫看作是一种性暴力，要求对嫖客量刑。“加强与卖淫业作斗争”的法律推行者今天提到占领圣尼济耶教堂运动是为了重拾尤拉的那句话：“你们怎么就信了我呢？”不再卖淫的几年后，尤拉承认在 1975 年自称完全独立于一切皮条客的言论是谎言。

当代对卖淫业的辩论不断加深，导致公众唤起了对 1975 年运动的回忆。随着时间的流逝，这场运动被纳入了历史遗产化的过程。2015 年，时值纪念占领教堂运动 40 周年之际，法国文化电台播放了一名澳大利亚记者的广播报道，法国三台播放了一部电视纪录片。二者都基于对在尚在人世的运动参与者和还能接受采访、愿意谈谈运动的那些人的访谈。在协会这一边，卡比莉亚同年在里昂一家酒吧里办了个展览，展出了巢运动动员大家抗议的前后情况。在这个问题上，巢运动销声匿迹了。看来“巢”很明显想要抹去这段运动的记忆。

在 40 年的时间里，占领教堂运动从集体行动的剧目变成了回忆。这场违规的行动本身就标志着新的集体运动的到来。占领运动的象征意义过于厚重，很难再作用于妓女这个缺乏稳定性和自身行为模式的群体。但这份象征意义促进了人们对这场运动的追忆和纪念。它代表一项传奇的抗争，而非一种可复制的模式。不同的群体对运动有不同的解读，它因此也见证了运动意义和影响范围的演进过程。事实上，如果构成集体行动手法的抗议运动模式无法仅仅保留象征意义（或者实用意义），对这一方面的理解却可以令我们知道群体是如何构成的，凝聚力又是如何构建的。1975 年的某个早上，几名大胆的妓女，跨过了圣尼济耶教堂的大门。这一跨，才让妓女群体终于具有了政治存在意义。

社会化和社会运动：以“无国界教育组织”参与者为例

李利安·马蒂欧

参与到抗议运动中的人们的社会化问题，这几年又重新在法国政治社会学圈子内获得了关注。社会化一词意味着“在整体社会和地方群体中生活的个人自我建造，也可以叫作成形、塑造、造就、制造或决定的全部过程。在这个过程中，个人获得——学会、内化、吸纳或融合——在特定社会条件下的做事、思考和做人的方法”[1]。这个过程涉及不同的因素，包括家庭、幼教人员、学校、同僚、媒体、职场和配偶等。

---

① 穆里埃·达尔蒙：《社会化》，阿尔芒科兰出版社（Muriel Darmon, *La socialisation*, Paris, Armand Colin, 2007, p. 6）。

我们分析社会运动并关注社会化进程的意义在于对以下现象的确认：某组织中的所有有“恰当理由”抗议的成员参与集体行动时的表现不完全一样。抗议通常只是少部分人的行为。同时，我们也经常可以观察到，在同一个运动群体里，成员的参与强度是大为不同的。政治社会学对不同程度的抗议参与倾向做出了多种解释，其中最著名的是本质为功利主义的曼瑟尔·奥尔森的解释①。对于这位美国经济学家而言，参与者对集体行动，从酝酿到产生、发生的成本和收益的相对估量，才是决定个体是否参与一项社会运动的理性原因。

奥尔森的观点主要着眼于采取行动的时刻，同时也预先假设不同个体间的思考能力和对决策的成本收益预测能力是相同的，因此也是可替换的。我们所要阐释的研究方法的不同之处是，我们认为每个人都有过去，并能从这些经历中内化（或不能内化）集体抗议所需的能力。对参与并支持无合法居留证件移民的社会运动人士的研究结果将作为此研究方法的阐述基础②。研究主要以采访的方式进行。在采访中，我不仅会询问他

---

① 曼瑟尔·奥尔森：《集体行动的逻辑》，法国大学出版社（Mancur Olson, *Logique de l'action collective*, Paris, Presses universitaires de France, 1997［1965］）。

② 参见李利安·马蒂欧：《活动者愤慨的社会动因：教育无国界地方分部内的斗争》，收录于《社会学》期刊。这项研究的主要步骤请参阅同一作者的《社会运动空间》，克罗康出版社（Lilian Matthieu, *Les ressorts sociaux de l'indignation militante. L'engagement au sein d'un collectif départemental du Réseau éducation sans frontière*, *Sociologie*, Vol. 1（3）, 2010, 303-318; Lilian Mathieu, *L'espace des mouvements sociaux*, Editions du Croquant, Bellecombe-en-Bauge, 2012）。

们参与运动的动机，同时也会去了解他们的人生经历。我所进行的 30 多个采访展示出许多相同点，具有显著意义。对其进行分析是本文的基础。

该方法在法国的政治社会学研究中并不新鲜。许多关于政治社会化的著作，比如安尼克·佩尔什隆[①]和丹尼尔·加克西[②]的研究都强调了家庭对于政治偏好传递的重要作用：我们观察到，总体来看，子女都会表达与父母相同或相近的政治倾向。从广泛意义上来讲，家庭是获得文化知识和政治素养的地方，但前提是父母要拥有良好的文化和政治素养。当父母对政治不太感兴趣，甚至压根儿不感兴趣时，孩子对政治感兴趣的可能性也较小，除非有其他社会载体（同龄人群体、学校、教堂、青少年娱乐活动、配偶……）能够提供另外的机会，让其接触并学习政治知识。同时，当然还有很多其他变量值得一提，比如，社会阶层和文化程度——文化程度越高对政治就越感兴趣；性别——对政治感兴趣更多的是一种男性特权；还有年代——我之后会讲到这一点。某些历史环境和运动背景更容易让人对政治产生兴趣，比如战争年代和危机时期。

这些著作重点阐释了一些相对平常的政治行为，比如表达

---

① 安尼克·佩尔什隆：《政治社会化》，阿尔芒科兰出版社（Annick Percheron, *La socialisation politique*, Paris, Armand Colin, 1997）。

② 丹尼尔·加克西：《隐藏的含义》，瑟伊出版社（Daniel Gaxie, *Le cens caché*, Paris, Éditions du Seuil, 1978）。

政治偏好或者投票。他们的研究方法只是最近几年才被运用到抗议行为中，他们开始关注社会运动参加者——因为各种各样的原因——对抗议活动产生兴趣，并参与其中的整个过程。社会学理论中与活动轨迹及经历相近的概念已经充分阐释了社会运动参加者过去的社会化经历对投身某项社会运动的作用[①]。从这个角度看，我们不能仅仅局限于参与运动的那一刻，而应该特别关注这些个体的过去以及个体社会化的整体过程。在这个过程中，个体学习并内化了集体行动的能力，培养了对某种类型运动的敏感。倾向、欲望、直觉和能力[②]这几个概念在该视角中处于核心位置，因为我们从中可以看出，并不是每个个体都会对参与某种活动作出积极回应。往往是那些已经对这种活动形成了一种偏好、倾向或者兴趣的人，才会介入并持续参与到活动中去。

---

① 奥利维耶·费略勒：《对个人参与过程化分析的几点建议》，收录于《法国政治学期刊》；弗洛伦斯·弗约素阿：《反资本主义的人：斗争的历史社会学》，发现出版社（Olivier Fillieule, *Propositions pour une analyse processuelle de l'engagement individuel*, *Revue française de science politique*, Vol. 51 (1), 2001, 199-215; Florence Johsua, *Anticapitalistes. Une sociologie historique de l'engagement*, Paris, La Découverte, 2015）。

② 参见贝尔纳·拉伊尔：《复数的人：行动的动因》，纳唐出版社（Bernard Lahire, *L'homme pluriel. Les ressorts de l'action*, Paris, Nathan, 1998）。

1　无国界教育组织（RESF）省级委员会研究

我们在这里谈到的调查结果来自于无国界教育组织省级委员会。2004年，该组织为了捍卫无身份移民的孩子和无身份青少年的权利而创立。更具体地讲，组织的目的是为了保护他们受教育的权利。法律规定，在法国领土内的所有孩童都应当进入学校接受教育，但如果其父母没有合法身份（通常就是我们所说的无合法居留证件），孩子将会和父母同时被逐出法国领土。孤立的未成年人（在法国18岁以下无父母陪同）不能被驱逐。他们应该接受教育，但等到18岁时还是会遭到驱逐，失去继续受教育的权利。因此，为了避免这一后果，也为了保障他们受教育的权利，法国的许多城市都成立了无国界教育组织。这些组织通常在省级委员会的协调下工作，在一些较小的省级委员会以非正式的方式存在着。

当有老师或者学生家长听说有某个学生，或者自己孩子的某个同学面临驱逐的窘境时，一个委员会通常就在这个无身份移民儿童保护行动中成立了。因此，这项运动与教育圈是密不可分的：通常，无国界教育组织的委员会挂靠在一个学校机构下（小学、初中、高中甚至大学，如无国界教育组织的联合机构之一，即“无国界大学组织”）。这些委员会里的大部分人或是老师，或是学生家长。这一组织形式的一个缺点是，当学校里没有无身份移民学生需要保护时，委员会就会处于休眠模式。

当一个无身份的移民学生面临驱逐时，并不是所有的老师和学生家长都会参与到该校的无国界教育组织中，而参加的老师和家长，其参与程度和强度也不尽相同。有一项调查研究可以帮助我们理解其介入活动不同程度的偏好与倾向。

2　扎根学校

调查基于28个访谈，访谈对象是在省级委员会中较为活跃的无国界教育组织社会工作者。省级的委员会负责协调多个在学校里频繁活跃的地方委员会。受采访的这些人虽然对活动的参与程度有所不同，但整体来看，其中绝大多数老师或教育相关从业人员参与程度是最高的。当有学生面临驱逐的危险时，他们就行动起来，保护学生。同时，我们也发现有相当一部分学生家长是老师，但他们的孩子在另一所学校上学。

在这些活动分子当中，也有很大一部分是社会工作者。他们对活动的参与则是一种职业生涯的延伸。他们在收容所工作，或者在社会援助中心照顾这些无身份移民年轻人或无身份移民家庭。在既不从事教育工作，又不从事社会援助工作的社会运动参加者中，他们的职业与教育和文化因素联系相对较强，如戏剧演员、音乐家、工程师、企业法律顾问或城市规划师等。调查恰恰证明了长久以来的观察结果：对于政治和公共事务的兴趣通常是和学历相关[①]。然而，在同样的一批受访者中，许多人都处于一种生活不稳定的状态（没有得到国家对艺术从业者的补贴导致生活窘迫的女演员，处在职业生涯中断期的音乐家，正在找工作的城市规划师……）。这种朝不保夕的生活与他们对社会秩序的批评态度不能说是没有关系的。参与运动其实也是表达一种态度。他们中有几个是退休人员，但大部分人是失业者。这一点也保证了他们能有时间来参加无国界教育组织的活动。

几乎所有受访者都更亲左或有极左思想。在一个反对右派政府政策的社会运动中，这不足为奇（采访时是右派当政）。然而，他们却很少有人加入某个政治党派。大部分人都对法国的政党以及政治生活持批评态度，其中一些人则显示出自由主义和革命派的倾向。但他们中许多人加入了工会（尤其是教师工会）或其他协会。

另一个值得注意的地方是：受访者中女性占大多数。我们可以由此做出假设：女性在调查中占大多数跟该话题本身的属性有关。因为社会通常把该领域定义成女性属性的东西，尤其

---

① 丹尼尔·加克西：见前注；皮耶·布迪厄：《区分》，午夜出版社（Daniel Gaxie（1978），*op. cit.*；Pierre Bourdieu，*La distinction. Critique sociale du jugement*，Paris，Les Éditions de Minuit，1979）。

是因为涉及儿童及教育，女性在这方面接触最多，也处于最前线位置。女性受访者占据绝大多数，在其他领域比如在学生家长联合会里也存在相似的情况，这反映了她们对教育事业和儿童的关注。[①]

3 家族传承的分量

我们对受访者个人经历所做的分析证明家庭是政治社会化的主要场所之一。这些受访者的家长对政治颇感兴趣，而受访者从小就受到父母的政治熏陶，听大人谈论政治，陪他们参加政治活动，如游行或开会，从而对政治熟能生巧，领悟了其中的门道，学会引经据典并付诸实践。正如可预见的那样，大部分受访人士都表示，他们的父母在政治领域相对活跃，有些人甚至频繁参与到不同的活动和组织当中。然而，对公共事务的兴趣并非机械化地在家庭中传递，更没有一个放之四海而皆准的规则。这个过程充满了变数和不确定，需要谨慎看待。正如贝尔纳·拉伊尔所指出的，我们无法像获得物质遗产那样从父

---

① 玛丽·杜儒-贝拉、艾格尼丝·凡·赞弹：《学校社会学》，阿尔芒科兰出版社；马尔玎·巴尔蒂勒米：《参与学校斗争运动的人：法国家长协会》，收录于《法国社会学期刊》（Marie Duru－Bellat，Agnès Van Zanten，*Sociologie de l'école*，Paris，Armand Colin，2006；Martine Barthèlemy，*Des militants de l'école*：*les associations de parents d'élèves en France*，*Revue française de sociologie*，Vol. 36（3），1995，439－472）。

辈那里获得有关社会的一切思想，因为观点和思想在传递的过程中会不断变化，修正并重新得到阐释。[①]

因此，在采访中会出现一些受访者的政治倾向和父母的观点相左的现象。一些受访者带有左倾的特质，而他们的父母却有右派甚至极右派特征。我们来举一位受访者的例子予以说明。受访者是一名60岁的女教师。她还是学生时，曾经参加法国“五月风暴”学生运动，随后加入统一社会党（法国非共产主义左派政党，在六七十年代比较有影响力）。她表示，资产阶级的父母对政治感兴趣其实“不一定是件好事”，因为父母和祖父母曾经是极右派，在战争时期强烈拥护维希政权。

也常有父母两人持不同政见的情况，通常是一个左派反神权的父亲和一个保守派有宗教信仰的母亲发生争执。这种分歧经常发生在政治社会化的重要战场——饭桌上。不同政见的家庭成员在吃饭时总是各抒己见，相互对立。许多受访者也回忆，吃饭时总能够学到最多东西。“大家常常在吃饭时辩论”，据一位61岁的工程师回忆，反神权的父亲和信仰天主教的母亲之间常常爆发冲突。另一位56岁的教师也回忆道：“在家里，不同意见的人总是相互辩论，大声争吵。”在大人们的唇枪舌战之中，这些未来的社会活动分子不仅掌握了政治辩论的要点，也领悟到辩论这门语言艺术。这些都有助于他们成为一名社会活动

① 贝尔纳·拉伊尔：见前注（Bernard Lahire，*op. cit.*，p. 206）。

分子。

父母如果参与社会事务，那么参与的本质也值得深究。一些人的父亲加入了工会（加入某政党是更为少见的情况），但这就和我们所知的性别与参与程度之间的关系产生了矛盾：大多数时候，反而是母亲更积极地参与到活动中，而且每次都是带有女性特征的活动，比如一些本地协会组织，教会或者慈善性质的活动。这些活动深深扎根于当地，同时关注那些处于不幸中的人。这两种特征都与无国界教育组织的活动精神相契合。由此我们可以进一步推论，相当一部分社会运动参加者是在父母，尤其是母亲的影响下获得了这种关怀他人、体恤人间疾苦的利他主义精神。

我们同样可以找到很多受到二战或阿尔及利亚战争影响的家庭故事。许多人或家庭都被这些重大事件造成的创伤影响，事件当事人也因此对那些因为是外国人就被迫流亡，远离祖国的人和事特别敏感。一位年长的犹太受访者的经历就很典型。这位受访者为了不被抓进集中营，在东躲西藏中度过了他的童年。60 年之后，当年通过躲藏而得以求生的他开始收留那些无身份居留在法国并随时面临驱逐的年轻人。

宽容和反种族主义的家庭教育氛围不仅源于二战的亲身经历，同时也和家庭个别成员的英雄形象息息相关。那位女教师的例子就很好地证明了这一点：她舅舅在集中营中去世，父亲参与过抗争，最后依然被关押至集中营。但这位受访者教育自己的孩子时，立场和平理智，还让自己的孩子学习德语。还有，要看到人们在违抗一项他们不赞成的法律时的行为模式，比如刚才那个犹太抗争家庭。又比如一位母亲受访者，她在五十年代末期积极支持阿尔及利亚独立运动。这些无国界教育组织成员也把违抗行为转移到支持无居留身份人员的运动中，尽管无居留身份被法国法律定义为违法。

如果研究中忽略了社会运动参与者的出身，对家庭因素影响的分析也是不完善的。受访者的社会背景各异。母亲大多为家庭主妇，父亲则有农民、工人、技术人员、某个单位的代表、办公人员，也有大资产阶级。父母是老师的 5 个受访者中只有 3 个继续从事老师的职业，并没有显示很强的职业传承。然而，草根甚至贫困阶层（农民、工人或小职员）的传承趋势就十分明显了。这些人踏上社会工作者的道路深受学校的影响，对学校也表现出强烈的认同。对他们来说，学校扮演了培养政治意识的重要角色，与家庭共同作用于他们社会化的过程。

4　与机制的批判性关系

许多受访者都强调在学校接受的教育以及参与学校组织的各种活动是如何在人生中起到良好的转机作用的。我们采访了一位 50 多岁的老师，其父母都是农民，他说："考进了师范学校是我人生中一大幸事，让我能探索新的事物，来到新的领域。这是非常有益身心健康的。如果没能进入师范学校，我真的不知道人生会变成什么样。很难说，我可能会自杀，也有可能会发疯，或者找到其他的谋生方式。这都有可能。”这些受访者为在法国面临失学的外国学生感到愤恨不平，这种情绪和自身的经历是分不开的，同时也从侧面反映了受访者对学校教育的推崇。因为他们中的大部分人是通过在国民教育体系中谋得一职来实现社会地位的上升。简单直白地说，这些人热爱学校教育是因为教育让他们获得了比父母更优沃的生活条件，他们希望那些无身份居留的儿童也能够获得学校提供的改变人生的机会。

对于接受宗教教育的这群人来说，教会在个体社会化的过程中施加了重要的影响。这点尤其在法国捍卫移民权益的运动中表现明显。参加运动的大部分人都自认是天主教徒，在无国界教育组织里也不例外。[①] 采访的大部分人都来自于天主教家庭，虽然所处时代不同，但也都或多或少接受了宗教教育。最年长的人所受的宗教教育最深厚（通过私人老师或者寄宿学校）。这些人中许多曾经是童子军或青年天主教徒组织的一员。

带有基督教影响的社会化也有助于个体对利他主义精神的

① 乔安娜·希梅昂:《无身份者的事业》，政治学院出版社；马蒂尔德·佩特、法比安·艾路瓦尔:《为外国人谋利益的斗争和组织中心》，收录于《当代社会》期刊（Johanna Siméant, *La cause des sans-papiers*, Paris, Presses de Sciences Po, 1998; Mathilde Pette, Fabien Eloire, *Pôles d'organisation et engagement dans l'espace de la cause des étrangers*, *Sociétés contemporaines*, Vol. 101, 2016, 5-35）。

内化。表达自身对脆弱而受压迫群体的保护愿望，就如同保护再世的基督。然而，我们在访谈中也发现了人们对自身接受的宗教教育自相矛盾的想法。他们经常表达出对教会的强烈敌意。访谈同时还显示，人们对信仰常常表示出强烈的怀疑。特别在青少年时期，人们会否定以教会为代表的宗教机构。这种怀疑常常来自宗教教义和现实中一些所谓虔诚教徒、教士言行态度的巨大差距。或者说，这些人观察到天主教要人类学会博爱，而教士、教徒实际上既不慷慨也不友善，于是便决定从此和宗教分道扬镳。对宗教的批判主要体现在谴责人们生活中的实际行动上，如拒绝在教堂举行婚礼，拒绝为孩子洗礼，甚至否认自己曾接受过洗礼。

教义本身并非问题所在。相反，人们意识到，某些宗教代表（牧师）和宗教拥护者（他们的父母和其他教徒）并没有在实际生活中践行教义所倡导的美德，于是就不再参与教会活动。他们通过参与社会活动，介入社会事务，能够将童年所学到的天主教的价值付诸实践，虽然他们以为自己早已和这些思想与宗教机构决裂了。一名受访者的经历见证了这样的过程：这位受访者是一名录入员，38 岁，自认为是反神权的无神论者，但她承认自己参加社会活动是因为从宗教社会化过程中得到了启发，“一些熟识我的人会意识到这点并对我说这样的话：其实你内心深处是个极为虔诚的教徒！我觉得他们说的没错……这（指参与无国界教育组织）并不是与之矛盾的事情，尤其是当你回头去看最原始的天主教教义的时候……做一名真正的犹太基督教徒其实也挺好!”

用一句行话来说，介入无身份移民的事务像是当事人批判意识觉醒后的产物。这种批判精神的获得源自他们先前在一些宗教机构的经历。这些机构通常缺少好善乐施的人道主义原则①。批判精神让人无法信任这些机构，同时，他们也反对一切言行不一的东西。从这个角度来看，参与无国界教育组织是这种意识的又一次觉醒，反对的对象变成了自诩为人权领域的典范，却又对移民采取仇视政策的法国。由此我们可以看出，对无身份移民事务的不满是先前的不满记忆被激活和位移。之前不满的对象是那些喊口号却无实际行动的机构。参与活动并不是一个只跟当下一刻有关的行动，而是植根于每位社会运动参加者的先前经历。

5 使人社会化的经验

对于参与捍卫无身份移民的受访者来说，社会化的教育不

① 体会到机构运作中的这种反差，对吕克·博坦斯琪来说，是练习批评的核心原则:《关于批评：解放自我的社会学概要》，伽里玛出版社（L'expérience de tels décalages dans le fonctionnement des institutions est au principe de l'exercice critique selon Luc Boltanski, *De la critique. Précis de sociologie de l'émancipation*, Paris, Gallimard, 2009）。

只来自家庭、学校和宗教，其他场所和经验也会产生决定性影响。对于参与捍卫无身份移民的受访者来说，社会化的教育不只来自家庭、学校和宗教。除此之外，其他场所或经验也会产生决定性影响，特别是当这些经验与受访者童年有过的初级社会化体验产生冲突甚至完全相悖时，更是如此。采访中频繁出现这种例子，凸显了这些具有修正作用的别样的社会化经验的重要性。

一些历史性事件的经历可以使先前的社会化经历在生命中割断，并重新定义个体的人生轨迹。我们已经举了二战以及阿尔及利亚战争的例子。战争对最年长的社会活动人士来说，代表了无法抹去的记忆。但多数60岁上下的受访者最常提起的是“五月风暴”。对他们来说，这场学生运动加速了他们政治化的过程，也是他们斗争生涯的开端。举一位退休教师的例子。作为一名公司职员的儿子，他并没有亲身参加到这场运动中（当时是高中生的他通过广播收听关于运动的消息）。但是，他从此开始期待家庭推崇的世界观以外的观点，并试图据此塑造自我。“五月风暴”对于他来说是斗争生涯的起点，并引导他后来加入了不同的极左派群体，加入了教师工会和80年代支持波兰工会“团结工联”（Solidarnosc）的运动。

对这一代人来说，“五月风暴”的意义不仅仅在于“开阔眼界”、改变世界观并给世界带来应有的改变。一头扎进斗争事业中的人们得到指引，加入了各种运动团体（左派以及极左派的大小政党、工会、协会和网络……)。在这些组织里，成员学到了终生得以受用的政治运动知识和技能，让他们能够在之后的无国界教育组织中学以致用。然而，往往是在那些没有政治使命的团体中，成员反而产生了更强烈的参与集体行动的意愿，比如说在青年天主教徒组织，特别是童子军和青年工人天主教徒协会（JOC）里，受访者中有不少人均来自于这些组织。

与以前在学校、家庭或教会中接受的狭隘封闭的教育相比，好几个受访者表示，参加了这种青年组织的活动后，对世界有了新的更开放博大的解读。确实，这些组织通常都有宗教背景，但组织领导者牧师本人对政治问题有一定的敏感性，尤其是对世界有一种关注第三世界或人本主义的视角。他们围绕一些不公平和不平等现象教育孩子，同时也为他们开辟了政治化道路。

另外，这些青年组织给儿童和青少年提供了一个学习如何过集体生活的地方，培养他们对几个人一起行动的喜好和能力，乃至培养他们活跃并领导团队的能力。虽然这里并不涉及政治抗争的内容，但这些喜好和能力将伴随他们一生，让他们之后在不同的抗议运动，比如无国界教育组织运动中能够游刃有余。童子军或者青年天主教协会的社会化过程因此具有理论和实践的双重功能，因为成员内化的是一种特别的世界观（比如说，世界有着不同形式的不公，如同污点，但也有希望变得更好），又可以让他们学到活跃和领导团队的全部技能。

绝大部分受访者的父母是法国人。他们对无身份移民的关心是一种利他主义精神的体现[1]，因为他们从未期待从运动中得到任何直接的回报（这一点有别于那些本身参与运动，希望通过运动抗议而获取合法身份的无身份移民）。但是，如果受访者家人或自身没有过移民的经历，至少也尝过与旁人不一样的苦涩。许多人会将无身份移民的境遇和自己受到的种族主义歧视的经历联系起来。他们因为肤色、国籍或者信仰被歧视，或被人胡乱臆测国籍。一位 49 岁的老师讲道："总是有人把我当成摩洛哥人或者马格里布地区（北非地区）的人……反正一直都有人用异样的眼光看我。"另外一位 56 岁的老师同样提到了她在高中时期因为不去教堂参加忏悔活动而遭到谴责的经历，"在那个时代，无神论对一个天主教氛围浓厚的小城市来说可是了不得的事情……神甫让我的同学不要和我一起玩，说我是撒旦的走狗！"还有另一位老师，作为信仰天主教的白人，在一个几乎全民都是穆斯林的非洲国家遭到排斥。这些斗争人士因为有作为少数人群难以融入外国社会的经历，所以对无身份移民的遭遇感同身受，心怀怜悯。

① 弗洛伦斯·帕斯：《利他主义行为》，德若兹出版社（Florence Passy，*L'action altruiste*，Genève，Droz，1998）。

6 对事业的认识反差强烈

到目前为止，我所讲的都是支持无国界教育组织运动的整体有利的前提条件。这些个体通过个人的教育或者其他经历变得对某些特定话题极为敏感，比如为争取无身份移民的权益事业奔走奋斗。他们无法做到对此无动于衷，因为这个话题触及了他们生存经历中的敏感点：可能是学校生活，可能曾受过歧视，可能是对那些道貌岸然的机构缺乏信任等。这些潜藏在心底的想法如果没有被某些事物激发，并不会迸发出来。所以，应该看到这种过去（过去社会化的经历以及由此塑造出的观念）和现在（能激发这些潜在知觉的社会环境，让人投入到实际行动中，这里的实际行动指无国际教育网络的运动）的相互关联性。

我们由此可以观察到，受访者的行为方式和参与支持运动之间的强烈对照。确实，他们身后是参与各种政党、工会以及社会运动所累积起来的丰富经验。这样的特征尤其在经历过“五月风暴”之后又加入极左派团体或其他组织继续战斗的人群中体现得特别明显。他们在斗争中掌握了所需的知识和技能，因此有很强的团队行动能力。弗雷德里克·玛多尼和弗兰克·布波称之为

“运动资本”[1]。比如，他们知道如何组织一场游行，如何写宣传单，如何布置一场会议，如何与政府谈判，等等。

无国界教育组织中有经验的成员经常把移民当作整体，为之投入精力奋斗，而不是单单挑出无身份者。我们可以称之为对抗争事业的总体认识。也可以说，他们要反对的是现行的整个移民政策，并根据非常宽泛的政治、哲学或社会的思想和信念为自身的选择加以辩护。他们还让无国界教育组织内部的参与成为有后效的运动过程：许多人在参加了其他各种各样形式的组织和抗争后才投入无国界教育组织。这只是他们参加的运动整体的一部分。除了无国界教育，他们还会继续进行或无关或紧密相关的其他运动。省级无国界教育组织的某位创始人就是这样的：在加入无国界教育组织之前，她曾经是其他支持无身份移民组织的一员。还有另一个组织的女领导，加入无国界教育组织时，她依然是国家教育工会组织里的一员，继续关注外国学生问题。对这些人来说，加入无国界教育组织让原本繁忙的斗争生活更加忙碌，而恰恰原本就是其他组织成员（工会或协会）的人常常来加入该网络。

但是也有运动新手看起来就像初次参加集体行动一样。他们在加入无国界教育组织前并没参加过其他组织。就算是加入

---

① 弗雷德里克·玛多尼、弗兰克·布波：《运动的资本：定义的尝试》，收录于《社会科学研究行为》（Frédérique Matonti，Franck Poupeau，*Le capital militant. Essai de définition*，*Actes de la recherche en sciences sociales*，Vol. 155，2004，5-11）。

了网络，也首先是为了代表自己，遵从自己的信念，做一个简单公民，也就是说是一个纯个人的行为。他们加入运动的理由也显得有别于其他人。决定加入运动往往是偶然遇到或者发现了（这两个词常常在采访中被提到）一些将面临短期或中期被驱逐命运的无身份移民人士时发生的。通常他们是相互熟识的家庭，或者他们的小孩彼此认识——比如所教的学生，自己孩子的同学，住在同一街区的邻居，放学等孩子时或者在社会援助中心相互打过招呼的家长。最通常的情况是，他们多少认识这些无身份居留者，在攀谈过程中了解到了对方的艰难处境，于是下定决心投入到支持无身份居留者的运动中。对这群人来说，无身份移民事务并不具有普遍的政治意义（他们通常对移民问题的认识有限，也不太了解在法国的外国人），而是一项能关怀到某个附近的熟人的具体事件。

7 实践出真知

社会化的过程没有终点，它伴随着每个人的一生。诚然，青年时期的经历对每个人所能支配的能力起到的影响最大，但从社会学的角度讲，忽视成年经历的影响会付出很高的代价。高等教育、职业圈子（以及工会等相关的组织）或者配偶都是非常重要的社会化载体，能够使先前的社会化过程发生改变。

成年生活中也会经历许多能够动摇世界观、改变固有习惯的事件。跟抗议有关的事情，比如罢工、政治危机（如“五月风暴”），或者一些个人经历[①]都能够成为社会化过程中的一些“变革事件”。

这一点尤其在对疾病抗争协会（比如抗艾滋协会）的研究中被重点提出。得知自己患病，或者失去一位患病的亲友，这种标志性的事件足以激发一个人投入到一项社会运动中去。在无国界教育组织的例子中，一些重大的事件让人们意识到，自己认识的这个小孩随时面临着被警方追捕、强制遣返到令其面临生命危险的原籍国。

鉴于社会化是一个持续的过程，参加社会运动本身也就是社会化的一个因素。通过参与集体行动学习所需的技能并了解运动的行动模式，新的社会工作者们学到了新的东西，改变了看待世界的方式，同时也学习了新的活动。新手逐渐变得老练，具备了成为社会运动中社会工作者的能力。对无国界教育网络运动的三年研究持续跟进了无国界教育组织的成员。他们从不太了解运动规则，感到自己不配参加进来，到逐渐建立自信，承担团队重任，经历了完整的学习和斗争过程。这一过程的进展可以从会议成员讲话时的表现看出来：一些成员起初不太敢

---

① 比如，发现自己得了绝症，如艾滋病。克里斯托弗·布罗卡：《为了活命，行动起来！同性恋和艾滋》，政治学院出版社（Christophe Broqua, *Agir pour ne pas mourir! Act Up, les homosexuels et le sida*, Paris, Presses de Sciences Po, 2006）。

表达自己的观点，但几个月或者几年之后，他们感到自己已经有足够的资格可以不赞成其他成员的观点了，还可以坚持对运动管理表达自己的想法。

职业生涯发展的观点在这里显得非常适用。该观点在交互作用社会学领域被提出，不光用于职业发展轨迹研究，也用于对病人和越轨行为的研究。霍华德·贝克尔对吸食大麻人群的研究在该领域非常有名，因为它表明了持续发生越轨行为需要多重前提，比如接受并喜欢吸食大麻后的功效。大麻本身并不是一种令人愉悦的东西，需要学会找到感觉，并在这种感觉中找到愉悦。融入吸大麻的群体才促进了这个过程的发生①。研究行动主义让我们能发现相似的动力和机制，我们也可以在社会运动和职业发展领域中找到类似的东西②：仅凭一腔义愤还不能让人投入到一场运动中去。当事人还需要在参与中找到一种满足和愉悦感。不然，参加会议听人吵来吵去，上街发传单给漠不关心的路人，甚至还因此遭受某些人的白眼这些事情不会让所有人都那么感兴趣。有人会泄气，或者感到内疚。亲近的人会泼他们的冷水，觉得他们的行动是徒劳的，该被谴责，因为他们宁愿把更多的时间拿去关心这些外国人，也不肯关心他们自己的家庭。

---

① 霍华德·贝克尔：《局外人：偏离轨道的社会学研究》，梅太利业出版社（Howard Becker, *Outsiders. Études de sociologie de la déviance*, Paris, Métailié, 1985［1963］）。

② 奥利维耶·费略勒：《对个人参与过程化分析的几点建议》，收录于《法国政治学期刊》（Olivier Fillieule, *Propositions pour une analyse processuelle de l'engagement individuel*, *Revue française de science politique*, Vol. 51（1），2001，199-215）。

总之，为了带动运动的参与，让它开枝散叶，就需要参与者时时保有一种满足感。这些满足感可以有不同的形式：被其他社会工作者所承认，学到了新的知识和增长见识，认识了新的人，摆脱了孤独，参加行动带来的满足感与自己的价值观相投，承担了责任带来的价值感，社交场合结识新朋友的快乐，等等[①]。如果人们能够意识并欣赏这种回报的话，参与运动带来的回报也是多种多样的。当回报值下降时，例如团队内部氛围改变，或者一次行动失败让人泄气，比如没能成功阻止遣返事件的发生，这时就会有人产生退出的想法。

关于抗争运动中回报和满足感的问题正好也契合了我在文初提到的功利主义观点，也符合奥尔森的看法：人们决定是否参与一项运动与他对该运动的利益期望值有关。简单说来，我的观点有一点与他不同，即人们在参与之前不会提前设想[②]这些好处，尤其是参与运动的人没有统一的价值标准，水平也参差不齐。应该探究的是人们在社会化中的演变模式。从社会学的角度讲，就是与先前个人的和社会的经历息息相关，并足以让人决定投入到一项运动中去的个人动机问题。

---

① 丹尼尔·加克西：《党派的经济和斗争运动的奖励分配》，收录于《法国政治学期刊》（Daniel Gaxie，*Économie des partis et rétributions du militantisme*，*Revue française de science politique*，27（1），1977，123-154）。

② 这里体现了多位学者对奥尔森的批评，包括弗朗索瓦·沙再尔：《从权力到争辩》，LGDJ 出版社（Il s'agit là d'une critique adressée à Olson par plusieurs auteurs，dont François Chazel，*Du pouvoir à la contestation*，Paris，LGDJ，2003，p. 98）。

媒体与公共问题建构

埃里克·内弗

研究公共问题的传统诞生于一个多世纪以前的美国，并在六七十年代由霍华德·贝克尔（Howard Becker）、约瑟夫·古斯菲尔德（Joseph Gusfield）、马尔科姆·斯佩克特（Malcolm Spector）和约翰·基特修斯（John Kitsuse）等学者赋之以形。公共问题这个词表明了一个过程：一个把事件、事实或情境转化成公共讨论对象的过程。这个过程把这些事件、事实或情境界定为"构成问题"，需要付之以行动，并需要出台公共政策为之定义。这些事实可以激起辩论，由公民、政府机构或各组织提出问题。这些问题呼唤一种公共行为来为其找到出路。对同一种事实，不同国家的处理、投入程度是不尽相同的。在一个国家里人所公愤的事，在另一个国家的人民眼里却见怪不怪。

这个定义雏形需要四个补充说明来完善。首先，公共问题不是孤立存在的，也不会自动发声。公共问题得有人辅佐推动，有人操持经营。公共问题是那些为之奔走，向公众解释并阐述其严重性的人们建构出来的；第二，能够构成问题的事实数量可以说是浩如烟海，因此，这种行为其实充满了竞争性，而公共意识、媒体和政府不可能同时关注到所有问题；第三个要补充的说明可能看起来自相矛盾，但却可检验，也是非常关键的一点：一件事客观上有多严重（可是又怎么可能异口同声地决定某事的严重性呢?），和它在媒体与公共行为眼里有多严重其实不是成比例的关系。最后一个需要说明的是：关心公共问题及其后果并不等于自封为专家。河流有没有遭到污染，核电站废料到底能不能真正做到循环使用，犯罪率是否提高了等重要的问题是由两种人来负责处理的。首先是那些面对问题的人是参与定义问题，研究其严重性和回应方式的斗争中的人。他们的论据可能是矛盾的。第二种声音来自专家和学者：分析河流水质的是化学家，评估不同犯罪之间变化的是警察和犯罪专家。换句话说，社会学研究公共问题并不等于亲自到战场上去战斗，也不等于在各执一词的双方之间做出谁胜谁负的评判。倘若这样，社会学家就成为参与战斗者，或者自诩比专家学者知道得更多了。从社会学角度分析公共问题，指的是理解我们称为问题的宣称者（claims-makers）的活动，研究意图把事实转化成问题的人、组织和政府机构是如何运作的。但是这些都不等于讨论事实的具体性和现实性就完全不重要了！对某个事实或行为的严重性做出科学评估，不等于探讨为何该事实成为供人思辨的问题以及它是如何成为问题的。研究公共问题的社会学的研究对象是人的活动。这些人把社会生活中发生的情境界定为“问题”，做出他们的诊断，识别问题发生的原因，推荐解药。这导致了一系列问题的产生[①]。公共问题推广者是谁？推广动机是什么？他们是如何叙述并架构问题的？又是用了什么论据证明他们的问题比别人的更严重，更值得关注的？他们是怎么向公众普及这个问题，提醒政府机构，获得大量媒体关注的？获得政府机构关注后，定义又是怎么样的，如何实施行动计划，如何解决问题？这种研究方法也是为了把不同学术领域的问题连接起来。这些问题通常是被孤立对待的。比如，研究动员，研究媒体、知识分子、演讲、公共政策，以及在实际工作中处理问题的人员。

今天在法国涌现了一大批具有科学创造性的研究方向，引发了多种有极大革新性的研究成果。有关于气候变暖的[②]，关于

① 埃里克·内弗：《公共问题的政治社会学》，阿尔芒科兰出版社（Érik Neveu, *Sociologie politique des problèmes publics*, Paris, Armand Colin, 2015）。

② 让-巴蒂斯特·康比：《气候问题：一个公共问题的起源和去政治化》，行动理由出版社（Jean-Baptiste Comby, *La question climatique: Genèse et dépolitisation d'un problème public*, Paris, Raison d'agir, 2015）。

劳动健康风险的[①]，关于驾车安全事故的[②]，关于“疯牛病”危机的[③]，关于卫生风险的[④]。本文意在就一个问题提出一个观点。这个问题就是媒体在公共问题的建构和传播中扮演的角色。在此讨论的传媒体系主要是西方国家的。原则上，在这些国家中，媒体享有极大的言论自由，公民能够自由结社，组织辩论公共问题，而无须担心这种行为的后果。但是，还是要强调这种描述有细微差别，需要阐明：能否进入全部公共空间而不是部分拼凑起来的公共空间，取决于个人和各组织的调动资源能力[⑤]。部分组织或利益相关人士有能力阻挡自己对其负有责任的事件

---

① 让-诺尔·儒则：《看不见的毒物：一次被遗忘卫生问题的社会学研究》，法国高等社会科学院出版社；克劳德·吉尔贝尔、艾玛努艾尔·亨利：《公共卫生问题是如何建构的?》，发现出版社（Jean-Noël Jouzel, *Des toxiques invisibles. Sociologie d'une affaire sanitaire oubliée*. Paris, Editions de l'EHESS, 2012; Claude Gilbert, Emmanuel Henry, *Comment se construisent les problèmes de santé publique ?*, Paris, La Découverte, 2009）。

② 马修·格罗斯泰特：《公路事故和社会不公：死亡、媒体和国家》，克罗康出版社（Matthieu Grossetête, *Accidents de la route et inégalités sociales. Les morts, les médias et l'État*, Bellecombe en Bauge, Editions du Croquant, 2012）。

③ 杰耶米·诺雷：《媒体对公共行为分类的控制：疯牛病危机的媒体框架及其在官僚领域中的使用》，收录于《传播学问题》；迪特拉姆·舒弗勒：《作为媒体效果的框架理论》，收录于《传播学期刊》（Jérémie Nollet, *L'emprise du journalisme sur les catégories d'action publique. Le cadrage médiatique de la crise de la vache folle et ses usages dans le champ bureaucratique*, *Questions de Communication*, Vol. 27, 2015, 21-39; Dietram Scheufele, *Framing as a theory of media effects*, *Journal of Communication*, Vol. 49 (1), 1999, 103-122）。

④ 多米尼克·马尔切蒂：《当卫生问题成为媒体焦点：新闻信息生产的逻辑》，格勒诺布尔大学出版社（Dominique Marchetti, *Quand la santé devient médiatique: les logiques de production de l'information dans la presse*. Grenoble. Presses universitaires de Grenoble, 2010）。

⑤ 巴斯提安·弗朗索瓦、埃里克·内弗（主编）：《公共空间马赛克》，雷恩大学出版社（Bastien François, Érik Neveu (dir.), *Espaces Publics mosaiques*, Rennes, Presses Universitaires de Rennes, 1999）。

成为问题，比如石棉业上千名受害者问题在法国长久以来极少见诸报端和其他媒体，犯下大罪的人也并未遭到责问[①]。

本文将分三步探讨以上问题。首先，我们先要讨论媒体在决定报道公共问题的议程设置上有什么权力。提出这个问题，一部分是为了了解传媒是否有权定义并决定找出公共问题，还是仅仅是个传声筒，把别人提出的问题摆到论坛上辩论。在第二部分，我们将把媒体当作公共问题的滤网来思考，当成一个阻隔了部分问题，几乎不给予报道，却对另一些问题的报道非常及时且热心的机构组织来思考。这样做的原因，又不一定是政治选择四个字能够解释尽然的。本文最后通过一个微型案例分析，讨论环境问题被电视和报刊报道的困难，以及该问题在1970年和2000年的两次突破性进展。

1　媒体和公共问题的议程设置

议程设置这个概念属于催生了最多科学文献的概念之一。

---

① 艾玛努艾尔·亨利：《闻所未闻的丑闻：从职业病变成公共卫生危机的石棉问题》，雷恩大学出版社（Emmanuel Henry，*Un scandale improbable. L'amiante：d'une maladie professionnelle à une crise de santé publique*，Rennes，Presses Universitaires de Rennes，2007）。

从麦克姆斯和肖[1]对议程和观点议程之间关系的研究，到科布和艾德勒[2]对公共政策议程设置方法的研究，成百上千篇文章试图验证这些提问的合理性。因此，从公共问题的角度提出中肯的问题，就意味着理解这些公共问题是如何进入（或没有进入）传媒议程，这一点又对公众和政策决策者产生了什么影响。对这些研究成果的总结令我们对国际上此类文献中还未广为人知的文章加以思考。这些文章使用了大量的量化数据探讨议程的运作方式。我们先谈谈媒体，还是需要将之视作“场域”，即一个有秩序有高下的社会空间，只有有限的一些刊物有权制定题目、选择问题，而别的刊物只能听命跟随?[3]法国记者丹尼 ·罗贝尔[4]（Denis Robert）在报道卢森堡金融机构的可疑行径时，主要因为没有得到大量法国媒体的转载，便没能让事件广为人知。然而，当维基解密揭露了近似逃税漏税的行为，该行为又被 CNN 或《世界报》[5] 大幅报道时，其他媒体几乎就不得不因

① 麦克斯威尔·麦克姆斯、唐纳德·肖:《传媒的议程设置功能》，收录于《公共观点季刊》（Maxwell McCombs，Donald Shaw，*The Agenda Setting Function of Mass Media*，*Public Opinion Quaterly*，Vol. 36，1972，176-187）。

② 罗杰·科布、查尔斯·艾德勒:《政治中的参与：议程建构的动力学》，阿林和培根出版社（Roger W. Cobb，Charles Elder，*Participation in Politics. The Dynamics of Agenda-Building*，Boston，Alyn and Bacon，1972）。

③ 皮耶·布迪厄:《新闻控制：社会科学的研究行为》，收录于《社会科学研究行为》（Pierre Bourdieu，*L'emprise du journalisme*，*Actes de la recherche en sciences sociales*，Vol. 101-102，1994，3-9）。

④ 丹尼·罗贝尔:《关于明讯银行的一切》，角斗场社（Denis Robert，Tout Clearstream，Paris，Les Arènes，2010）。

⑤ 《世界报》是一份创办于 1944 年的法国日报，有参考意义。

为有领军媒体的重点报道在先而紧随其后了。这就是布迪厄所说的信息的“循环流动”，即受众极多或有重要象征意义的主流媒体启动了连锁反应，决定报道的内容。细致了解媒体选择报道哪些情况，不报道哪些情况，意味着对信息的生产，也就是对编辑工作的内容提出质疑。这一点很少采用量化研究。量化研究常侧重于研究某个主题有几篇文章报道了，报纸排版是褒义还是贬义，但是没有考虑研究一下报纸社会学（除了迪特拉姆·舒弗勒[①]）。细致地思考议程问题，也意味着质疑新闻报道的议程设置如何影响了公众。新闻报道的问题中有一些是大多数读者或电视观众经历过的问题（工作好找吗？学校教育质量够好吗？），也有一些是只有新闻报刊才能了解的问题（法国公民或中国公民里有百分之几的人去过叙利亚，又有多少人知道在阿勒普冲突中哪些军事力量参加了战斗？）。我们能否在质疑媒体议程的影响时不去思考到底“是哪个媒体”？如果讨论议程这个概念，讨论媒体议程互相影响的方式问题，观点问题，政党和公共政策选择问题等都很重要的话，研究公共问题的社会学还能走得更远，影响更广。正如一位加拿大学者让·沙龙

① 迪特拉姆·舒弗勒：见前注；《作为传播效果理论的框架：再论议程设置、启动效应和框架理论》，收录于《大众传播和社会》（Dietram Scheufele, *Framing as a theory of media effects, Agenda - Setting, Priming and Framing Revisited. Another Look at Cognitive Effects of Political Communication*, *Mass Communication and Society*, Vol. 3 (2), 2000, 297-316）。

（Jean Charron）恰当指出的那样[①]，“议程设置总的来说缺乏公共空间理论、议题成因和一种研究新闻源的社会学……”我们还可以加上一句：“还缺乏对接受多样化的关注。”这里说的不只是细节问题。实际上，这句话指的是，要理解公共问题与主题进入媒体空间并被接受的方式，有哪些关键因素。现在可以概括讲讲转移视角和问题会带给我们什么好处了。我们将看到，特殊“新闻源”拥有不同的资源和权力，也就是究竟谁是问题的提出者，解释了为什么公共问题报道具有极端的倾斜性。哪怕最民主的公共空间也永远不可能是各个组织、问题和观点完全平等交流的场所。问题提出者掌握的资源有大小之分，和传媒界在社会、文化上的距离也远近不同。索洛尔[②]甚至谈到一种“外缘战略的错觉”。这个概念描述了通过宣传活动吸引媒体关注以获得更多重视，成为某个问题讨论中不可绕过的对话者的战略。索洛尔呈现了在美国，媒体给压力团体和为某事请愿的团体的报道幅度与这些团体有多少预算、在多大程度上制度化息息相关。为了阐明公共问题进入传媒议程顶端的机会是如何不平等，我们需要讲清楚三件事。

---

① 让·沙龙：《传媒及其起源：议程设置模式的局限性》，收录于《赫尔梅斯》（Jean Charron, *Les médias et leurs sources, les limites du modèle de l'agenda-setting*, *Hermès*, Vol. 17-18, 1995, 73-92）。

② 垂沃尔·索洛尔：《外部战略的神话：媒体对利益集团的新闻报道》，收录于《政治传播》（Trevor Thrall, *The Myth of the Outside Strategy. Mass Media news Coverage of Interest Groups*, *Political Communication*, Vol. 23, 2006, 407-420）。

2 新闻源的职业化

出现在媒体报道里的不只是记者调查的结果，也是媒体与想要让自己的信息和愿望得到更多重视的新闻源之间大量不同类型的交易、合作和对峙的结果。施莱辛格[①]提出了“新闻源的职业化”这个概念，以着重指出信息推手并不被动。相反，他们非常主动，是思考如何让媒体想其所想，为其所用的战略家。他们预料到媒体的需要，发行周期和版面。越来越多的非政府组织、企业和政府机构都有了自己的公关部。通常是做过记者的人去担任公关。他们非常清楚编辑的习惯。虽然不清楚这支公关大军的具体人数，但可以肯定的是，他们的数量在各地都远远超过了记者的数量。2000 年英国有近 2400 家媒体咨询公司，几乎全都为企业服务。20 年后，这个数字要乘以 30 倍才够。在同一时期的美国，据评估，有超过 20 万的“公共关系官员”从业者。新闻源来势汹汹，海量信息淹没了编辑部，还会根据编辑的需要进行自我调整。必要的时候，甚至还会威胁编辑，对其施加压力。但并不是所有的公关人员都有着同样的实

---

① 菲利浦·施莱辛格:《对新闻社会学的再思考：媒体中心化的新闻来源战略及其局限性》，收录于《网络》（Philip Schlesinger, *Repenser la sociologie du journalisme. Les stratégies de la source d'information et les limites du médiacentrisme*, *Réseaux*, Vol. 51, 1992, 75-98）。

力。实力天平的一侧，可以是一家有自己新闻部的企业，还能急招专门应对危机的公关公司，或是善于为媒体制造新闻事件的 NGO，比如“绿色和平组织”；天平的另一侧是无组织的失业人群，或是住在城市边缘，想要揭发凶狠的毒品贩子的社区居民。尚巴涅[①]通过展示上街游行的变化向我们阐释了这种职业化是什么。一方面，示威游行活动的泛滥打开了与媒体“承载量”（一份报纸的页数，一档电视新闻的三十分钟时长）的竞争空间。游行要变得更有独创性，更吸引人。因此要幽默起来，要制造事件（比如 Act-up 在预防艾滋病活动中，在巴黎协和广场方尖碑上套了一个巨型安全套）。全国性的大型示威游行活动的目标从此将是间接实现一种“纸上游行”，也就是让大量正向的报道和记录涌向媒体。在跟随潮流的路上，各个组织有快有慢。对于那些失去了工作，或挣的钱仅够糊口的雇员或农民来说，想要抗拒硬碰硬的诱惑，演一出有距离感的幽默大戏去讲述自己的故事，是否真的可行？没有媒体，行动组织就注定要被社会遗忘。但是所有组织都对媒体运作方式有着相同程度的了解吗？这些组织有没有表达得准确自如，一张嘴就语惊四座，说的话可以被报刊引用，满口金句的发言人？更退一步讲，这样的发言人如果真的存在，他们还能代表这项运动吗？

---

① 帕特里克·尚巴涅：《游行：政治事件的产物》，收录于《社会科学研究行为》（Patrick Champagne, *La manifestation. La production de l'événement politique*, *Actes de la recherche en Sciences Sociales*, Vol. 52（3）, 1984, 19–41）。

3 优先定义者俱乐部

各个权益集团与媒体关系之间存在的权力的差异体现在“优先定义者”这个概念里。这也是伯明翰学派各学者在与移民有关的街头犯罪研究中，关于“惊恐”的研究成果中最为有趣的贡献。[①] 为什么报纸总是报道对八卦新闻的一部分解释分析？因为新闻源之间存在结构性的不平等。因为内政部在实地和犯罪现象交锋，负责警务工作，有着官方身份，在维护秩序方面在社会上有权威，所以“自然而然”成为犯罪现象的权威解释者，也就是“优先定义者”。媒体言论在某个问题上体现的一致性很少来自于高层命令。其实，更多是因为记者的实际需要。他们为了传播自诩为客观的信息，得从官方新闻源，也就是对人们来说更可信的来源那里获得信息[②]。记者们总是时间紧张，又怕因刊载了错误信息遭到连累，所以更倾向于在任何领域都优先寻找“一级”信息源。这些信息源因为身份特殊，能代表

---

① 斯图尔特·霍尔、查斯·克里希特、托尼·杰弗森：《监控危机：打劫、国家、法律和秩序》，麦克米兰出版社（Stuart Hall, Chas Critcher, Tony Jefferson, *Policing the Crisis. Mugging, the State and Law and Order*, Londres, McMillan, 1978）。

② 盖伊·塔克曼：《作为策略性仪式的客观性：对新闻从业者眼中的客观性的审视》，收录于《美国社会学期刊》（Gaye Tuchman, *Objectivity as a Strategic Ritual: an Examination of Newsmen Notions of Objectivity*, *American Journal of Sociology*, Vol. 77（4）, 1972, 660－679）。

实际情况，或与实地接触很近，有定义事件和问题的权力。警察在犯罪问题上有这种地位；雇主大老板在经济问题上有这种地位；发生“人道主义危机”时，“无国界医生”（MSF）或“世界医生组织”的发言人也有这种地位。优先定义者并不是唯一的定义者。霍尔及其合作者向我们展示，移民协会、居民组织、社会工作人员对犯罪的现状和屡禁不止的原因有另一套说法。但是，他们接受采访的机会更少，他们的话也听起来没那么可信。他们只是问题的次要定义者，甚至没机会让别人听到与已经定型的架构相反的声音。优先定义者的概念可以帮助我们理解议程设置（agenda building）的过程，提醒我们在传媒中有利益存在，部分权威有既定可信度，掩盖了其他圈外人的声音。

施莱辛格和谭伯对伯明翰学派的分析有过争论[①]。他们通过一项对刑法相关信息的研究，虽然并没有质问优先定义者概念的有效性，但提醒读者对权力关系的变化要有清醒的认知。优先定义可能会带来好处，但更多时候，这是一个过程，一种需要维护的关系。首先，这个概念的问题是假设政府机构和问题提出者都会异口同声地发声，没有不和谐音，没有持不同意见者。倘若这是真的，也不会是自动形成的。多琳·布雷格曼

① 菲利普·施莱辛格、霍华德·谭伯：《犯罪报道：罪行公正的媒体政治》，克拉任东出版社（Philip Schlesinger, Howard Tumber, *Reporting Crime. The Media Politics of Criminal Justice*, Oxford, Clarendon Press, 1994）。

（Dorine Bregman，1996）通过罗卡尔政府的税务改革指明了这一点[①]。为推动这场改革，罗卡尔政府事前思虑周密地准备了宣传活动，铺垫了适应不同目标人群的论据，把它们打造得如同治疗社会不公和财政效率低下的良药。但没有想到的是，被迫施行改革的财政部长对此却心怀不满，也成为走漏消息，发出不同声音的主要信息来源。优先定义者概念还有第二个问题：信息源通过“不能公开的信息”（off the record）的做法提供一些私下信息，条件是保密或匿名。但是优先定义者的概念忽视了这个。在信息源和媒体之间这种最基本的互动关系中，解释动机和背景的要求可能会影响到信息的严密一致性。第三个问题是定义者的等级是否不可撼动。法国电力公司[②]坚称核电没有任何危险存在。但是，在切尔诺贝利核泄漏和福岛核电站两大事故发生后的今天，这句话还仍旧可信吗？同理，我们能否一直把环保政党和各个环保组织协会认作次要定义者？最后，真正的调查式新闻工作确实面临重重困难，但这并不意味着记者们在灵活多变的信息源面前只能任其左右。记者的一部分能力恰恰是揭穿问题提出者的狡猾言行。记者有时也会成为问题提出

---

① 米歇尔·罗卡尔（Michel Rocard）是法国社会党总统密特朗（François Mitterrand）1988年到1991年的内阁总理。

② 法国电力公司（EDF）是以国有资本为主的世界第一大电力生产和供应商。

者。菲利普·伽娄（Philippe Garraud）[①]就描述了密特朗第二个七年任期时，民选代表在公共问题上犯下腐败之罪是记者和预审准法官合力推动的结果。

以上论点并不是要否认优先定义者这个概念。它只是提醒我们社会科学研究的一个原则：要不断挑战既定概念，因为这些概念的大量使用会将活生生的社会变成铁板一块，变成一台毫无生机的“机器”，而且社会角力的通道都是锁死的。有时，两方力量悬殊，局势会僵持很久。但是认识到这种不平等应缘自分析，而非先验式的假设。对社会世界，最好还是将之理解为能够不断变化而相互依存的斗争空间。场域、构型表达的正是这个观点。

4 控制辩论的规则

公共问题提出者之间结构性的不平等也来自于他们界定讨论规则、观点传播规则能力的悬殊。如果把这个顺序颠倒的过程当作一个假设来广泛试验求证，而不是当作放之四海而皆准的道理的话，对我们来说倒可能有所启发。在一些公共问题上，

① 让-路易·布里盖、菲利普·伽娄（主编）：《评判政治》，雷恩大学出版社（Jean-Louis Briquet et Philippe Garraud (dir.), *Juger la Politique*, Rennes, Presses universitaires de Rennes, 2002）。

强有力的参与者能够随心所欲地组建一个闭合性的辩论圈子，参加者也都是圈子里的人。他们不用在自己要捍卫的公共问题上费一兵一卒就可以进入决策空间，把讨论交给有意合作、不必再费力说服的活动家，辩论的框架也不会对他们有损。这种办法被科尔裴坡[1]称作“关门政治学”（quiet politics）。把问题虚化，于公于私都是在自己人的圈子里讨论，避人耳目，远离选举人群的呼喊——这都是典型的金融和商务问题的处理办法。但如同艾玛努艾尔·亨利（Emmanuel Henry，2013）写过的，在劳动卫生领域，在辩论潜在问题时也存在这种封闭式内部讨论。试图捅破窗户纸给公众看的举动会被认为是劳工关系中的过失。工作条件问题要一直等到一位法国记者隐瞒身份到美国巨头亚马逊的一个仓库里卧底才浮出水面[2]。该企业劳动合同中严令禁止雇员对外界谈及任何有关工作条件的事情，而这本身就是滥用权力。

这样一个顺序颠倒的过程暗示着辩论之外还同时存在着被排斥在外的人。我们假设部分运动里存在一种叫“媒体自主性丧失”的情况。工人运动倚赖工会和政治成分，拥有发行量极大的报纸。传单、墙报、视频组成了带有呼声和要求的自

① 裴坡·科尔裴坡：《关门政治和商业权力：欧洲和日本的企业控制》，剑桥大学出版社（Pepper Culpepper, *Quiet Politics and Business Power. Corporate Control in Europe and Japan*, Cambridge, Cambridge University Press, 2011）。

② 让-巴蒂斯特·马雷：《在亚马逊》，法雅尔出版社（Jean-Baptiste Malet, *En Amazonie*, Paris, Fayard, 2013）。

主交流空间。此空间的高效也是因为内部人员互相认识，城市空间中工人团体集中在一处，职业、私人和节日庆祝等社交场合互相重叠。这种社交机会、场合和相关组织的解体是同时发生的。当今的工会出版物已经向专业出版物看齐，排版方式与杂志一致，读者范围也缩至不总是了解企业真实情况的工会领导层。“媒体自主性丧失”的概念[①]显示，公共问题提出者在自身沟通资源瓦解后愈发依赖圈外媒体的眼光和逻辑的趋势。

互联网尤其是社交网络的发展在当代的语境里从部分程度上重新定义了媒体的自主性问题。网络让公共问题提出者不用花费多少，就可以重新掌握反应迅速的沟通渠道。这些媒体面向所有人，也不可能长期被新闻审查。一名社会经济学教授创办了一个直到2005 年还默默无闻的网站，而在 2005 年反对欧洲宪法条约的宣传活动中却扮演了很重要的批判性信息源的角色。最后，法国人民投票拒绝接受该条约。

传播和对传播的控制并不仅仅局限于纸媒和视频或网络媒体。在各种讨论活动中，在负责比较不同观点的委员会里，在报告出版和面对面互动等情况中也都有所体现。对一个问题的提出者来说，理想的情况当然是能够以自己的方式影响规则并

① 埃里克·内弗：《媒体、社会运动和公共空间》，收录于《网络》（Érik Neveu, *Medias*, *Mouvements Sociaux*, *Espaces Publics*, *Réseaux*, Vol. 98, 1999, 17-85）。

决定组织何种辩论，邀请什么人参加，辩论的规则是什么。政治和机构组织的文化在各种各样的公共问题上喜欢使用各种“委员会”和组委会。媒体经常会报道它们的思辨结果。它们出版的报告也有极高价值。1987 年，某组委会在电视上组织辩论希拉克内阁通过的法国国籍获得问题，受到了很大欢迎。但是，控制一个组委会的工作比较容易，至少可以避免看到不合时宜的建议。组委会构成人员的选择看似公开，但实际上被选上的人都有极为相似的社会上升轨迹，上的也都是同一类高等院校，社会经验也相近，因此提出问题的逻辑也都相差无几。马克思说过：“人的思想无法逾越自身大脑的局限性。”这是千真万确的。每个人对政府机构习惯做法的了解多少不同，对公共和私人信息的掌握深浅不同，所以通常组委会的报告不会太令人不快，不会被束之高阁。

公关工具多种多样，参与者掌握的程度也并不一样，因此要重新审视一些常被忽视的经典机制。我们先把“走漏风声”定义为信息披露者并非信息生产者的情况。反对某行为的个人或机构会大量泄露信息生产者不想泄露的消息。但是，也有很多假的信息泄露其实是某权威想试探公众对改革或某个问题的看法，而由非直接参与者私下发布的。如果公众激烈抗议，这条消息就会被辟谣，说这只是空穴来风，或是简单的草稿。如果没有抗议，就会再一次走漏风声。这次会是半官方的信息，检查公众能否接受之前提出的这个问题。公关工具的多样性也意味着要想到如何预防多样性带来的麻烦。美国、泰国自由贸易协定的谈判就是一个很有意义的案例[①]，涉及大量关键问题：讨论中有一部分是关于本地工业保护的，关系到几千人的命运安危。除此之外，谈判讨论的是泰国是否可以进口或自己生产抗艾滋病毒的非专利药品。实际上，西方药企生产的此类药物市场售价昂贵，泰国艾滋病感染者根本无力承担。未来条约版本都是由美国外交官和专家在华盛顿制定的，严禁传播。谈判的美方基于此版本拒绝了泰方的要求，而泰方——不管是谈判方还是泰国某组织的发言人——在使用纯英语讨论时，都很难有效反击。

5 作为公共问题过滤网的传媒

各个公共问题在媒体上得到的重视程度是不一样的。不是每个问题能得到的同情和批判性思考都是相同的。最自然的解释往往是说，报纸的政治倾向，报纸受到某些利益集团的影响，导致了这些差异。这些因素无疑是存在的。出版物的政治倾向

① 盖尔·克里克里昂：《财产还是命？自由贸易协定谈判中的道德经济学、集体行动和药品政策——摩洛哥、泰国和美国》，法国高等社会科学院博士论文（Gaelle Krikorian, *La propriété ou la vie ? Économies morales, actions collective et politiques du médicament dans la négociation d'accords de libre-échange. Maroc, Thaïlande, Etats-Unis*, Thèse EHESS, 2014）。

和股东下达的指令以及部分广告商可能施加的压力都是真实存在的，也都影响着媒体报道公共问题的尺度。在市场经济里，被囊括进经济集团的媒体数量越来越大（如美国、德国和瑞士），或者被塞进集团里的媒体虽然不是集团第一要务，但能发挥政治影响力（法国）。很显然，经济利益有很大权重。但是，我们的目的并不是低估这一非常重要的方面，而是指出还存在另一个虽不太明显但非常关键的方面。媒体对公共问题的处理出现偏见和错误很多都是因为他们的工作方式导致的。从社会学的角度看，是他们的理解方式有误。

“新闻价值”（newsworthyness）来源于一个实际观察的结果：不是所有对公共问题的活动或发言都能成为新闻，得到媒体报道。编辑部的无数格言都能证明这一点。法国记者常说的“死亡人数—公里数定律”，就是用一种讽刺的口吻描绘了距离与新闻重要性之间的算式：在一份法国日报里，一个发生在图卢兹导致10个人死亡的惨剧，远远比布达佩斯死了100个人更抓人眼球。如果我们比较威斯康星州某次公众集会后警方的声明和新闻报道[①]，就可以界定一系列具有 newsworthyness 的标准。有些标准是可以预见的，比如聚集人群的规模：媒体肯定会报

---

① 帕梅拉·奥利弗、丹尼尔·迈尔斯：《事件是如何进入公共领域的：地方新闻对公共事件的报道中的冲突、选址和赞助》，收录于《美国社会学期刊》（Pamela Oliver, Daniel Myers, *How Events Enter the Public Sphere: Conflict, Location, and Sponsorship in Local Newspaper Coverage of Public Events*, *American Journal of Sociology*, Vol. 105 (1), 1999, 38-87）。

道一万人的集会，而400人的示威却不会产生任何回音。这表明，有限的媒体空间管理存在客观标准。编辑部靠近集会地点会更有利于记者出现在现场。集会的支持保护者的身份也影响着报道的可能性：商界人士和抗议组织牵头的示威游行更容易被报道，而地方性小组织就很难得到关注了。根据媒体类型和国家不同，冲突性也能够提高公众集会的吸引力。暴力能使一场动员更能被“看到”，也有可能弄巧成拙地让集会被“看贬”，带来贬义性报道，把关注点都集中在集会造成的损失、民主精神的缺失等方面。最好还是控制在高度仪式化或自我约束、滑稽模仿的暴力形式上。这样的报道会附带冲击感强的画面或跌宕起伏的叙述，但并不会导致读者谴责示威者的暴力行为。一场医学院学生的示威就是一个很好的例子。在法国某市的市中心，医学院学生用绷带堵住停车计时器的付费入口，让计时器无法正常使用。这些织物条本是用来固定患者骨折的患肢的……驾车者非常赞许这个举动。当地日报为此更多地报道了该行动的别出心裁，而不是报道修复计时器的成本。

新闻报道公共问题和法庭辩护是一样的，都是在海量的事实里根据清晰的标准挑选一部分来建构对世界来说最重要的东西。甘思[①]关于美国的研究也许年代很久远了，但在描述新闻价

① 赫尔伯特·甘思：《决定什么才是新闻》，万太奇出版社（Herbert Gans，*Deciding What's News*，New York，Vintage，1980）。

值的轮廓及其生产方式的各种书中仍是最为详尽的一部。法国的研究更有民族学色彩[①]，表明了工作实际条件和内化的常识如何生成了对现实的选择性筛选，并界定了新闻业。时事新闻是新闻报道的一种类型，它报道热点事件，具有惊人、有戏剧色彩的特点。因此，很多问题因为进展缓慢和外在形式的变化（如失业或入学产生的影响），很难在媒体空间找到一席之地。电视时事新闻还要有丰富的图像和感情丰沛的实时呈现。新闻价值还是由新闻源的身份限制着。对客观性的追求和依赖可信新闻源的原则让政府机构平添了钦定的味道。可传播性也要经过信仰、记者的社会化和教育背景、记者认为读者希望看到什么，能够看懂什么等过滤网来筛选新闻。通常情况下，社会和文化距离的筛选比自上而下的命令更强有力。比如为了了解郊区移民家庭和失业情况，记者必须去实地采访时，他们感到去一趟离巴黎仅十公里的博比尼（Bobigny）和科尔（Corbeil）就好像去加沙地带和卡尔贝拉采访一样危险。[②]

记者必须要清晰或暗示性地界定事件的新闻价值，但这样也会把很多问题忽略掉。比如，如何把法国里昂信贷银行几近

---

① 阿兰·阿卡多：《记者的日常》，马斯卡莱出版社（Alain Accardo, *Journalistes au quotidien*, Bordeaux, Le Mascaret, 1995）。

② 于利·赛德尔：《媒体和郊区》，水边出版社（Julie Sedel, *Les médias et la banlieue*, Paris, Le fil de l'eau, 2013）。

破产的故事讲得深入浅出、生动有趣?[1] 这场危机对纳税人造成了严重的后果。但解释清楚意味着要找到简单明了的办法，讲明白连学经济的大学生都未必了解的库克比率和审慎政策。于是，“世纪丑闻”这个用法就短暂地占据了新闻界的一席之地。接触化学污染物导致残疾儿童的家长不愿意把孩子当成怪胎一样展示给人看。谁会不理解这种心情呢？他们承受的痛苦太多，已不想多谈[2]。但这种耻感却使得与工业溶剂有关的职业病报道缺乏有分量的干货。“有图有真相吗?”这个经典问题就会让问题的报道变得难以进行下去。与此相反的是，更适合新闻编辑所处的文化环境，更符合现代化主流观点的公共问题，会得到更多的报道机会。

6 如同机关枪一样的报纸专栏和特别报道

作家和社论作者弗朗索瓦·莫里亚克说过一句名言：“报纸就是个华夫饼机。”这个比喻体现了华夫饼机里格子的重要性。格子模具就像报纸的专栏一样，把现实切成一块块。问题发起

---

① 达尼尔·布里克:《世纪金融丑闻》，不想听听吗？里昂信贷事件之艰难动员》，收录于《Politix 期刊》（Daniel de Blic, *Le scandale financier du siècle, ça ne vous intéresse pas ? Difficiles mobilisations autour du Crédit Lyonnais*, *Politix*, Vol. 52, 2000, 157-181）。

② 让-诺尔·儒则：见前注（Jean-Noël Jouzel (2012), *op. cit.*）。

者有一个极为现实的需要：他们必须得知道想进入媒体的视野需要联系哪个人。制度化了的专门跟踪某种问题（政治、体育、农业……）的部门可以识别合适的媒体对话人，而后者也对时事新闻感兴趣，希望借此让自己的专栏有文章可发，最好能上头条。相反，不能进入任何专栏的新闻，或者问题的推动者面对过多的对话者，犹豫不决不知道放在哪个专栏里好的时候，这个问题就有可能不被任何专栏采纳。比如，2010 年南非世界杯足球赛，法国国家队的一切行为如同悲喜剧，除了球场折戟，还闹出了滑天下之大稽的“罢训”风波。这一切都被各大电视台的摄像机记录下来，并很快成为一个全国性问题，让媒体纷纷议论。这是一个公共问题吗？如果是，如何为之下定义呢？报道的专栏内容不同，会导致回答和框架非常不同。如果是一个运动专栏的记者，他会报道收入登天的球星在耍大牌；如果是一个社会版的记者，可能报道说，这体现了来自移民家庭的年轻球员难以融入法国社会；而对于一个社论作者，这又成为直接挑衅国家荣誉的行为。在媒体和政治议程中一个问题越来越火爆，当成为有政治性的问题时，就不再受特别专栏管辖，直升至头条的位置，由社论作者和政论作者来主笔。这里面就存在一种荒谬：这些记者反而是最不了解该问题具体情况的，却有最多的版面来挥洒笔墨①。

专栏分布和等级秩序是流动的。为增加或减少某部门或某专栏的价值而争斗，这是记者的职业生活中屡见不鲜的事情。有两点注释可以将这种职业生活和公共问题联结起来。第一点，专栏产生的过程和固化一定是和其余社会空间紧紧结合起来的。像金融、生活、环境等专栏的崛起，就体现了大型的社会演变和互连的过程。第二点，我们要看到，一个新专栏的诞生体现在“运作者网络”的凝聚过程里②，也就是说，在一个不同的社会环境中，由不同倾向、不同职业和不同人群（比如法官、学者、记者、政府工作人员、当选人和企业的新闻部门等）形成的网络。他们的共同点是跟踪消费者问题，比如空气污染和伊斯兰教地位等问题。这些人物和他们所扮演的角色之间互动的会导致一个特定问题的常态化。

新专栏的诞生往往是因为媒体圈外的人走进了这个世界，他们与研究对象有着更为积极的关系。通常，圈外人没有其他记者受教育程度那么高，或者与他们的教育背景很不一样。新专栏的地位确立让他们的信念和职业选择合二为一。当然，通

---

① 帕特里克·尚巴捏、马尔切蒂：《受限制的医药信息》，收录于《社会科学研究行为》（Patrick Champagne, Dominique Marchetti, *L'information médicale sous contrainte*, *Actes de la recherche en sciences sociales*, Vol. 101-102, 1994, 40-62）。

② 斯蒂芬·希尔加特纳、查尔斯·博斯科：《社会问题的兴衰》，收录于《美国社会学期刊》（Stephen Hilgartner, Charles Bosk, *The Rise and Fall of Social Problems*, *American Journal of Sociology*, Vol. 94 (1), 1988, 53-78）。

常等这个专栏稳固化、合法化，也就是说看起来显得更加吸引人以后，就会吸引到受教育水平更高，人生轨迹也没有那么非典型的记者了。后稳固化时代的编辑总会重新定义符合自身专栏风格的问题性质和框架。桑德里·乐伟科（Sandrine Levêque）[①]指出，从20世纪60年代到80年代，社会版新闻从社会冲突问题逐渐偏移到更制度化的社会问题，把自己对企业内部张力的杰出分析能力用到了报道社会保护系统的良好管理中。

7　生态和环境问题的处理在媒体中的上升与重组：一个展示空间

聚焦一类特别的问题，分析并得出结论，有助于我们更具体地理解本章想要阐明的大部分机制。

法国[②]、英国[③]和美国[④]的大量研究都证明了生态和环境问题在媒体中很难找到一席之地。查阅媒体档案的法国学者关于环

---

① 桑德里·乐伟科：《社会新闻学》，雷恩大学出版社（Sandrine Levêque, *Le journalisme social*, Rennes, Presses universitaires de Rennes, 2000）。

② 纪尧姆·桑特尼：《面对环保主义的法国媒体一览》，收录于《网络》（Guillaume Sainteny, *Les médias français face à l'écologisme*, *Réseaux*, Vol. 65（12），1994，87-105）。

③ 阿莉森·安德森：《媒体：文化与环境》，伦敦大学学院出版社（Alison Anderson, *Media, Culture and the Environment*, Londres, University College London Press, 1993）。

④ 克雷·肖恩菲尔德、罗伯特·梅尔、罗伯特·格里芬：《建构一个社会问题：新闻出版和环境》，收录于《社会问题》（Clay Schoenfeld, Robert Meier, Robert Griffin, *Constructing a Social Problem: The Press and the Environment*, *Social Problems*, Vol. 27（1），1979，38-61）。

境问题只能找到70年代中期以后的文章。正是从那时起，才有了建立新分类的可能。当然，每个国家如何给信息分类、编年是不尽相同的。比如说，在美国，保护大自然的所谓“保护派”的传统满足于把环境保护局限在保护未被人类发现的处女地上，阻止别人把环保和保护城市绿地政治化。但纵观各国情况，我们可以总结出为什么直到80年代环境问题都鲜有人提及的四个原因。

第一，媒体热衷于报道可以上电视、吸引眼球的戏剧性社会新闻。对他们来说，环境问题很难放进合适的地方报道。除了最初几次的海上石油泄漏，生态问题很难满足这样的需求。比如，工业化养殖造成的地下水污染问题和控制植物病虫害的产品产生的危害都是长期才能看到结果的，也没有引人注目的大事件发生，没有震撼的图像。这些问题要想浮出水面，让大众看到，就得等到发生灾难，等人来报道出来之后。我们可以将其称为“新闻价值逆差”。第二，环保主义也没有固定的人来操作①。除了常被同行视作异类的几个记者，报纸专栏中既没有懂行的专家，也没有环境问题专栏。这样的一个新闻之洞在大多数国家当时的情况下更显巨大。事实上，至少在70年代，多数国家的政府都没有设置环境部，企业里也没有负责环境保护

---

① 斯蒂芬·希尔加特纳、查尔斯·博斯科：见前注（Stephen Hilgartner，Charles Bosk（1988），*art. cit.*）

的部门，只有很少的几个懂环保的法律专家。大学里也很少有这类研究环境问题的学者。要求生态保护的各组织本身也四分五裂，缺乏雄厚资金和影响力。第三，没人把环境保护主义者当真。有太多本身不具代表性的组织各自为营。环保主义者的形象是保守怀旧的。他们专门唱衰，是半左派半新农村派的悍将，而远非可信任的专家。这些都不符合优先定义者的形象，更不像可以让记者信任的对话人。哈威·莫洛琪（Harvey Molotch）和玛丽莲·雷斯特（Marylin Lester）①通过1969年1月第一批海上石油开采引起的生态灾难指出，尽管海滩上石油漫布，圣芭芭拉环保组织的游行却基本没有被报道。太平洋黑色海浪滚滚袭来的场面，当地人看到海滩由白变黑的震惊都比研究分析事件起因更像个大新闻，而报道后者比直指石油集团的罪恶更和谐。环保主义者给人一种眼里只有自己的一亩三分地的短视者印象，似乎不能理解发展必然要付出的成本。这就引出了第四个原因：直到70年代，批评进步，质疑经济增长，意味着和主流思想作对，远离现代化的发展脉络。

70年代到80年代，各国都或快或慢地发生了很多变化。90年代开始，就不能重申对环境新闻还存在一致性的压制了。我

① 哈威·莫洛琪、玛丽莲·雷斯特：《偶然的新闻：作为地方事故和国家大事的大规模石油泄漏》，收录于《美国社会学期刊》（Harvey Molotch, Marylin Lester, *Accidental News: The Great Oil Spill as Local Occurrence and National Event*, *American Journal of Sociology*, Vol. 81 (2), 1975, 235-260）。

们可以重拾前文阐述的框架的四大变量，解释生态问题是如何逐渐成为公共问题的。

生态问题日趋严重，新闻里看到的自然灾难层出不穷，带来海量图片和重要新闻。与此同时，并非极度耸人听闻的生态危机［圣布里厄（Saint-Brieuc）密集型农业导致大量绿海藻产生有毒物质使散步者和野生动物中毒］就成为分析生态利害的依据。有时，这些问题会由一些书籍，如《寂静的春天》[①]，一些国际会议（如京都气候大会）带入新闻视野。第二，80 年代末以前，现在所有的这些制度化的环保主义网络几乎都不存在，或者只处于雏形阶段。但之后，报纸开始有了环境版专栏作家。政府里出现了环境部。企业不管是出于考量还是真心，任命了环境问题专员。与这些问题相关的一系列职业（专门的法学家、环保工程师和学者等）不断发展起来。各政党都有了自己的环境问题专家。从那时起，各种地方协会和生态问题都更为显眼。这些行动方连接紧密，彼此熟识，合作密切，或彼此对立。第三，生态组织本身的地位也在变化着，推倒了前进路上的障碍。他们中的代表或成为环境部长，或成为大城市的市长，环境事业也获得了尊重。部分协会，如“绿色和平组织”，公关能力非常职业化，显示出组织本身强大的科学背景和对媒体操作的深

① 蕾切尔·卡森：《寂静的春天》，普隆出版社（Rachel Carson, *Le Printemps silencieux*, Paris, Plon, 1968［1962］）。

刻了解两大优势。最后，文化环境和意识形态背景也在改变着。对异口同声为经济增长和发展进步唱颂歌行为的怀疑甚嚣尘上。甘姆森和莫迪格里亚尼[①]已经指出了在核废料处理问题上人们的怀疑。越来越多的人对汽车、密集型农业、不可再生垃圾带来的污染持批判的眼光。这种世人共识的飞速发展非常明显，通过传统政治力量，有时还是保守党（如撒切尔夫人的英国保守党）宣布要坚持 ·项“绿色”的政策就可以看出来。

媒体对生态问题的接受并不是一平如水的。在法国，近30年来环境专栏的作者构成有了很大变化[②]。最初的专家是与生态事业紧密相关的，大多数人都是AJENE[③]的成员。该协会与保护自然联合会有密切联系。这些记者中，只有十分之一的人上过新闻学院。三分之一的记者有非环境类的新闻报道经验。2000年后，新一代环境记者出现了。这些年轻的记者们建立了非常职业化的AJE协会[④]。一半人上过新闻学院，75%的人在其他专栏供职过。因为背景不同，他们也有着不一样的观点和处理问题的办法。他们和协会联系紧密。这些协会比过去更加去政治［尼古拉·于洛（Nicolas Hulot），雅安·阿瑟斯-伯特兰

---

① 甘姆森、莫迪格里亚尼：《关于核能的媒体言论和公共观点：一个建构主义的方法》，收录于《美国社会学期刊》（William Gamson，André Modigliani，*Media Discourse and Public Opinion on Nuclear Power*：*a Constructionist Approach*，*American Journal of Sociology*，Vol. 95（1），1999，1-37）。

② 让-巴蒂斯特·康比：见前注（Jean-Baptiste Comby，*op. cit*）。

③ 环境与自然保护记者和作家协会。——译者注

④ 环境记者协会。——译者注

（Yann Arthus-Bertrand）］，各种基金会和科学家在里面占据着很重的分量。这些记者的合作伙伴也都是愿意展示对环保的重视的企业、公共机构和部门。在推动节能和废物管理方面的鼓励性政策时，后者也很乐意让媒体参与进来。

因此，2010年后，生态问题在媒体上的相对胜利并不能说是70年代言论迟到的辉煌。今天的环境新闻报道更加技术化，更加科学化，也更加去政治化。这样的报道鼓励人们了解个人的责任，反对流弊，尽自己的绵薄之力（共享汽车，节约用水），为系统性的复杂因果问题提供一个解决办法，而不是组织起来对抗罪大恶极的污染企业，反对威胁到整个地球的某个体制。

本文如果能够向读者提供几个思考方向就已经算是达成目的了。第一个方向是，我们希望不带民族主义意图地提醒读者：国际社会科学的舞台虽然被英语文献大量占据着，却也是多元化的。尤其是来自欧洲的贡献已经越来越丰富，而法国不论是社会学还是传媒研究都在其中占据着最显眼的位置。如果说“复调音乐”是第一个关键词，第二个就是“关系”。这个词已经被用烂了，但还是正确无误的。布迪厄在杜尔凯姆“要把社会事件当作物体去思考”这句名言后面，加了一句“尤其是要当作关系去思考”。当我们从“场域”的角度去思考“传媒”

时，传媒就不再是物质的空间，而是布满关系的空间。[①] 我们要把关系想象成议程设置之间的动力。当我们把议程设置与新闻源的战略分析放在一起去思考，与记者为了与之抗衡而屡出奇招的创造性一起思考的时候，就尤该如此。从关系的角度思考，还意味着把记者的活动当作问题提出者的活动来看待，密切关注长期的社会形态变化（知识普及和入学率，就业结构等），并对传媒领域的技术更新换代保持敏感。

无论在北京还是在巴黎，如今的世界被无数的风云变幻改变着，研究其中的公共问题也因此拥有着广阔的前景。

---

① 罗德尼·本森、埃里克·内弗：《布迪厄和新闻场域》，玻璃体出版社（Rodney Benson，Érik Neveu，*Bourdieu and the Journalistic Field*，London，Polity，2004）

四

关键进程与政治流动性：理论性评估

米歇尔·多布里

关键事件与进程，诸如革命、政治危机、崩溃或转型，看起来，似乎无法通过“正常”社会科学的分析来理解。学者们往往会困惑于它们阈限的特点，无预期地发生及其不可预计的后果，他们往往会给这些事件和进程加以特殊的认识论地位，甚至是本体论的地位。在这些学者看来，关键事件和进程同时出现是在呼吁特殊的方法论处理以及“恰当的”理论工具和观点。本文反对这一立场，认为那是理解这些重要现象或进程中难点的主要来源。此文的目的是概述一种不同的研究方法，正如我在此前研究中总结的，其方法论取向可称为连续性假说。

这种变换方法表明了，为了掌握我们常常自发认为是非同寻常的现象与进程（有如处于社会科学的常见对象之外的空间），尽管它们具有阈限的特征，但我们真的需要从同样的角度、带着同样的问题，并且借助我们用按理似乎更“正常”的先验的关键社会现象中一样的思维方法来思考它们。

连续性假说是构成理论观点的主要基础之一，也是我接下来探讨的依据，也就是流动的形势原理①。这个讨论的目的有两方面：一方面，我想阐明关键事件和进程的主流做法为何以及如何在认识水平上导向真正的死角。换句话说，我想指出分析此种现象时，为何我们要创造一个视角的根本性转变。另一方面，我要阐述这个转变及其涉及的几个问题。应该清楚的是，连续性观点是理解这类貌似不寻常常现象的特殊或独特现象的必要条件之一，这是不构成任何悖论的。

1 方法例外论的引诱

首先我想剖析社会科学尝试分析以上描述的经验领域时遇

---

① 米歇尔·多布里：《克劳塞维茨和“中间状态”，或寻找合理师承中的几点困难》，收录于《法国社会学期刊》（Michel Dobry, *Clausewitz et l'* ‘*entre-deux*’, *ou de quelques difficultés d'une recherche de paternité légitime*, *Revue Française de Sociologie*, Vol. 17（4）, 1976, 652-664）。

到的两种思想陷阱。这些陷阱最显著的是客观和主观主义，或社会及其复杂变异现象学研究的传统对立。具体来说，不管你想怎么去理解这些不同的概念，我思考的是“结构”和“事件”或“行动”之间的对立。当面对关键事件与进程，如“革命”“政治危机”或“转型”，社会科学常常被我所称的英雄谬误（heroic fallacy）蒙惑[①]。这种谬论大致以以下形态出现：正常社会科学的解释，也就是说将社会“结构”分析及其影响与因果或“确定性”解释结合，被认为是理所当然、毫无问题的，也非常适合，或者说“贴合”发生背景、实际情况、政治体制与体制化结构稳定期的。与此同时，关键事件与进程、革命或政治危机，本质上需要一种完全不同的研究方法：一种专注于行为者的抉择、决策或策略运筹的研究方法[②]。

虽然这一主张的持有者不一定认为这类事件与进程能代表社会或政治病症（但这个说法并没有完全从社会科学的论述中消失），但在分析那些被认为是排除在“正常”生活或政治社会体系的“正常”运作范畴之外的现象时，他们仍毫不犹豫地选择摒弃“正常社会科学方法论”，即我在前文提到的以结构为导

① 米歇尔·多布里：《政治危机的跨学科动员和动力》，收录于《法国社会学期刊》（Michel Dobry, *Mobilisations multisectorielles et dynamique des crises politiques*, *Revue Française de Sociologie*, Vol. 24（3），1983，395-419）。

② 引证来自“转型学”的早期作品证明了学者的一种态度：“常规科学方法论通常来说不适用于政权危机和政权转型。对于行为和表现的结构解释可以说被终止了。”可参看尤塞皮·迪-帕尔马：《制造民主》，加利福尼亚大学出版社（Giuseppe Di Palma, *To Craft Democracies*, Berkeley, University of California Press, 1990, p. 34）。

向的方法论。不仅如此，这一主张依赖于理论的不连续性，似乎认为这些现象有某种本质或实质，因而永远背负着一系列本质主义对于现实社会的假设。

英雄谬误一直是以“大革命”“政治发展”危机以及上世纪八十年代以来向民主体制转型等为主题的浩瀚文献的核心特征。然而，此谬论取得支配地位是极其令人费解的，尤其当它明显地出现在那些自称属于最丰富的社会学“传统”或“范式”的作品中。同时，它分明也存在于一些以客观主义自居的作品中，例如那些采用各种“结构功能主义”变体的作品，如查莫斯·约翰逊[①]，阿尔蒙德、弗拉纳根和蒙特[②]作品，以及专注于行为或理智选择、基于个人主义方法论和博弈论的作品中，例如奥多奈和施密特[③]构想的开创性“转型论”，抑或是泽沃斯基[④]的作品。更引人瞩目的或许是，此英雄谬误还存在于学术领

---

① 查莫斯·约翰逊：《革命与社会系统》，胡佛学院出版社（Chalmers Johnson, *Revolution and the Social System*, Hoover Institution Press, 1964）。

② 加布里埃尔·阿尔蒙德、乔恩·弗拉纳根、罗贝尔·蒙特：《危机、选择和改变：政治发展的历史研究》，小布朗出版社（Gabriel Almond, Scott Flanagan, Robert Mundt, *Crisis, Choice and Change: Historical Studies of Political Development*, Boston, Little Brown, 1973）。

③ 吉勒摩·奥多奈、菲利普·施密特：《从独裁统治中过渡：试为含糊未定的民主定论》，约翰·霍普金斯大学出版社（Guillermo O'Donnell, Philippe Schmitter, *Transitions from Authoritarian Rule. Tentative Conclusions about Uncertain Democracies*, Baltimore, The Johns Hopkins University Press, 1986）。

④ 亚当·泽沃斯基：《研究民主过渡中的一些问题》，收录于奥多奈和施密特（主编）《从独裁统治中过渡：比较视角》，约翰·霍普金斯大学出版社（Adam Przeworski, *Problems in the Study of Transition to Democracy*, in Guillermo O'Donnell, Philippe Schmitter, Laurence Whitehead, *Transitions from Authoritarian Rule. Comparative Perspectives*, Baltimore, The Johns Hopkins University Press, 1986）。

域之外。它实际上是现代革命家如列宁或托洛茨基的寻常观点或自圆其说之辞。他们通过革命背后客观与主观因素相互对立的视角来理解革命状态以及他们自身在其中的角色[①]：革命状态被设想成以主观因素为主导的场景。

这些描述自然为行为者的实践构成了一种有用，甚至也许是必要的错觉。在认知方面我会建议遵循另一套社会逻辑，此英雄谬误的思维会导向一个背负着严重甚至不可控后果的理论性决定（我们将认识到，这种后果不仅仅是理论层面的）。分析关键事件与进程的时候，学者会刻意舍弃任何对于“结构”的持久的经验和理论上的兴趣——不论是结构本身，它们潜在的变化，抑或是它们可能在关键时期产生的影响。

如上述所言，学者将采取一种与通常思路互补的方式，同时他们关于事件中行为者的选择或决策的构想可以说是“证据不足的”，并且常常只是单纯地避开“正常社会科学方法论”的因果或决定因素来解释行为者的行为或反应。换而言之，英雄谬误对社会的清晰度有着致命的影响，因为它牵涉到双重损失。首先，它导致了人们对关键时期“结构”的命运，对于关键时期可能经历何种转变及这些转变的影响完全无知。其次，它无法鉴别这些行为者的选择、决策和估算的显著特征，以及这些特征

① 我们也可以指出，革命的客观与主观因素的相对性被明确采用，最常见是在葛兰西（Gramscian）的理论里，关于向民主过渡的分析。

与“正常”时期的关联。譬如说，跟“正常”时期相比，关键形势下行为者的策略一定会更缺乏确定性、更不受社会约束吗？

2　结果出发论的吸引

第二个思想陷阱乍看之下显得十分不同：它涉及似乎能连接“事件”及其结果的直接方面。这种连接在演绎推理上似乎是理所当然，因此学者在分析政治危机、革命或转型时很自然地就考虑到这些事件或进程结果的特性以将其作为解释的出发点（哲学讨论中称为待解释的话语）。然而，稍后我将会阐明，从结果的角度来分析此类关键事件及进程是错误的，这一错误对理解的破坏丝毫不亚于英雄谬误。

很容易理解为何事件结果如此吸引社会科学家和历史学家。事件一旦发生，也只有在事件发生以后，结果就变得“至关重要”了，例如纳粹夺取政权。由于会对个人、群体甚至社会造成重大影响，在短期之内事件结果可产生重大影响，同时还可能导致长期效应，学者可能受其吸引并将认为该效应加深了“结构影响”的威严。如果说这种情况表面上看来或多或少可以接受，那么结果及其特性是解释这些进程或事件的关键这一说法则是绝不能被认可的。换而言之，我们要尽力避免掉进幻觉，相信产生了结果的事件过程可以反被结果总结、反映或涵盖。

然而这不仅仅是学者们的一个标准思维过程，我敢说，这甚至是他们的“常用”程序。结局为解释下了咒语，以一种不可抗拒且理所当然的方式。这个思想陷阱的表现形式及其后果体现在多方面。

结果往往控制着历史密谋的建构[①]：更确切地说，结果决定着如何筛选事实，这一过程通过一次由结果特性开始的回归分析来实现（如一场大革命，法西斯夺政或民主的胜利）。仔细观察可以发现，事实筛选常有发生，被筛选的事实最终汇合并指向共同的方向，即事件的结果。与革命“自然历史”相关的，克雷恩·布林顿[②]提到的这类尤其显著。在此，革命事件或进程关联到特定的历史轨迹，其中一系列连续的阶段将引发一场如1789年或1917年发生的“大革命”。因此，革命前夕会有“初步迹象”（其“症状”从经济加速增长延伸至思维的“效忠转移”）；随之而来的是迎合新上台“温和派”的“热潮”；接着是“危机”阶段，激进派当权，名曰恐怖期；最终，当社会达到一种可接受的现状时，稳定期（恢复期）出现，即热月。当学者想解释不同结局之间的差异时也会用到类似的分析方案。他们试着为每一类的结局（例如民主制度的崩溃，或反之，民

① 保罗·韦纳：《我们如何书写历史》，瑟伊出版社（Paul Veyne, Comment on écrit l'histoire, Paris, Seuil, 1971）。

② 克雷恩·布林顿：《解剖革命》，万太奇出版社（Crane Brinton, *The Anatomy of Revolution*, New York, Vintage, 1965）。

主的出现、法西斯的兴起或共产主义的解脱）标识一个轨道，一条历史路径或一连串历史阶段[①]。意图阐明历史轨迹还会带来更多的困难，跟特意预设某种结局一样（例如民主、法西斯主义或共产主义），其涵盖的时间跨度不仅仅是几个月或几年，甚至可能长达几个世纪[②]，文章观点非常具有启发性，但其采取的视角存在很多问题。

从结果出发来分析关键事件或进程看起来无伤大雅的主要原因在于，这种态度或多或少依赖于强有力的历史决定论者的臆测[③]。究其本质，这种观点拒绝承认，在一个事件中，决定进程内一系列事件会导向哪种结果的因素是非常细微的。由于结果的意义总被归于事件本身，这一立场并不承认“小因素”可以导致“非常大的影响”，甚至可能扭转“结构性趋势”。学者关注最终结局，轻易便忽视了事件结果常有的意外属性。他们

---

① 关于民主制度的崩溃对整个当代政治科学领域起到的巨大影响有一系列的学术研究，参见胡安·林茨和阿尔弗莱德·斯捷潘（编辑）：《民主制度的坍塌》，约翰·霍普金斯大学出版社（Juan Linz and Alfred Stepan, *The Breakdown of Democratic Regimes*, Baltimore, The Johns Hopkins University Press, 1978）。在“转型学”的一个开创性研究中，作者（奥多奈和施密特：见前注）认为自己的任务至少在某种程度上是失败的，因为他们无法领略林茨的核心观点，这一事件具有重要意义。起初，他们对转型的理解方式受到林茨和斯捷潘提出的概念化“理论”模型引导，里面谈论到民主体系崩溃的进程。从这个观点看来，奥多奈和施密特无法找到可以用于民主制度成功的转型进程特征的模式和规律。假定这些作者们的自我评估是正确的，这个“失败”构成了一个激动人心的结果，在我看来，这甚至可以视为奥多奈和施密特理论中最重要的成果。

② 巴林顿·摩尔：《专制和民主的社会根源》，笔昆出版社（Barrington Moore, *Social Origins of Dictatorship and Democracy*, Boston, Beacon Press, 1966）。

③ 卡尔·波普：《历史纪实的贫乏性》，罗特里奇出版社（Karl Popper, *The Poverty of Historicism*, London and New York, Routledge, 2004）。

遗忘的是，这些结局的出现源于多重决定因素与因果链不必要的、偶然的并发，它们彼此之间是不同的、异构的并且通常相互独立。这种历史主义视角背后的思维逻辑是为了说明引起这些独有的结果的过程或事件有着同样独有的“内在本质”。这种本质和导致另一些结果的过程或事件的本质是不一样的。[①]

这些错误伴随着更深的问题：我们对这些不同结果以及这

---

① 无论形式如何，从结果出发来分析重要事件的本质会带来根本上变化莫测的后果。接下来的例子很好地凝聚了所有可能出现的错误：它涉及对 1934 年 2 月第三共和国危机的解读，直到最近，这个解读在法国历史学家眼中都占主导地位。危机的诞生跟一场名为“斯塔维斯基丑闻”的金融危机相关，在极端右翼 Ligues 精心策划下，这场危机导致了一次持续了一整月的规模宏大的街头暴力游行示威。2 月 6 日，当示威者把众议院设为目标时，巴黎警方遵循指示动用武力，导致 15 人死亡，1400 人受伤。在 2 月 6 日傍晚众议院对新政府领导的投票中，激进派（左翼温和派）领袖达拉第（Daladier）组成的政府轻易胜出，然而由其领导组织的政府最终决定放弃选票，为由加斯顿·杜梅格（Gaston Doumergue）领导的代表“国民联盟”（Union Nationale）的政府让路。杜梅格政府中的激进分子多代表当时的右派领导。这就是那场危机带来的结果，第三共和国政权侥幸熬过了一些年头。在这个政权幸存的基础上，历史学家对这场事件的“本质”及其对正好处在两次法国战争之间独裁的“本质”的影响定下结论。关键在于，他们声称法国社会对法西斯主义“过敏”，或说在文化上“免疫”。基于这场危机的结果，历史学家们演绎推理出激进主义 Ligues 联盟之中不存在极端主义，认为保守主义永不褪色，以及大动员参与者的克制与较低的严肃性（只有像意大利和德国那样的“真正的”法西斯主义值得被严肃对待，因其成功夺权被视作革命性胜利）。不过历史学家同时假定 Ligues 联盟领袖存在政治上的弱点：缺乏感召力，方针不连贯，缺乏有组织的意识形态，目标脱离现实，社会基础较为“边缘”，连斗争看起来都是伪装的。然而总的来说，这些成套的“事实”是十分令人存疑的。这一历史解读旨在说明，事件本身或者事件引起的动员之中没有任何事物，允许事件与牵涉到法西斯或独裁主义政权确立的进程确立一种关系，即使是一种含糊的密切关系。这是对于一个接近官方历史、如今在学术圈声名狼藉的历史解读的一篇批判性分析，重点参见多布里及詹金斯著作。米歇尔·多布里：《1934 年 2 月：法国社会对“法西斯革命”过敏的发现》，收录于詹根斯（编辑）：《法西斯时代的法国：法国独裁右翼杂谈》，博格翰出版社（Michel Dobry, *February 1934 and the Discovery of French Society's Allergy to the "Fascist Revolution"*, in Brian Jenkins (ed.), *France in the Era of Fascism: Essays on the French Authoritarian Right*, Oxford and New York, Berghahn, 2005, 185-213）。

些结果之间的差异的共同构想只不过是现实剩余的部分散布在各个角落后被程式化，套进各类日常俗语里罢了。很明显，我们之所以对这些不同的范畴（诸如革命、政治危机、崩溃，甚至暴动、叛乱等）感兴趣，是因为对跟这些事件关联的行为者来说，它们是有意义的（也因为他们正在热心地为这些事件命名和分类贴标签）。然而，把这些范畴看作是事实选择的出发点和根本决定因素，让它们成为研究的首选手段和鉴定因果关系的主要动力是很危险的。这样做的话，我们等于是借用了日常用语中最模糊的成分，借用其不明了的边沿、隐含的思维方式及其混淆的类型学。其次，透过名词能发现符合它们的实质、性质或"本质"这种假设是很有诱惑力的。此外，在默认每一个名词表示一种结果的情况下，我们倾向于联想出一种导致这一结果的进程所特有的"本质"。最后，我们需要牢记的是，这些常用的分类法与归类大多是从进程或事件归类带来的结果出发的。就是这种原地画圈的方法支撑着这些分类法与范畴，这不仅仅表现在社会现实的日常生活方面，更表现在学术界，而这会带来更多的严重后果。

3 历史的定律以及历史内部的规律

事实上我们在此谈到的是表现形式，用巴什拉[①]的术语来说，这是真正的错误集合，一系列谬误，一个密集的、系统的（就其影响而言）却又不合逻辑的陈述、假定和因果意象网络。鉴于此，只有彻底根本的解决方法是可行的：要解释关键事件和进程，学者们唯有抛弃这一整套谬论。为了摆脱“重大历史事件”及其他重要性较低事件的结果所带来的迷惑，我提出的补救方式也许会让很多人吃惊，然而这是我能想到的唯一方案：在决定方法论时，我们必须试着去暂时遗忘或抛开关键事件或进程的结果。换句话说，如果我们想要解释这类事件，我们决不能采用“解释”事件结果的方法。我们必须构建新方式去解开“谜团”。

为了做到这一点，流动的形势原理[②]在分析“事件”时，关注关键事件及进程的构成而非其结果。通过探究难分难解的历史因果链条及其错综复杂的联结与碰撞，这一理论试图识别不

---

① 加斯东·巴什拉：《科学精神的养成》，弗兰出版社（Gaston Bachelard, *La formation de l'esprit scientifique*, Paris, Vrin, 1967）。

② 米歇尔·多布里：《政治危机社会学》，政治学国家基金会出版社（Michel Dobry, *Sociologie des crises politiques*, Paris, Presses de la Fondation Nationale des Sciences Politiques, 1986）。

同种类的历史情形或其相互依赖的结构。这样一来便可以对那些构成不同场景内的逻辑（或说情景逻辑）的系统约束进行思考，这些情景逻辑对“事件”中行为者的认知、期待、计划及实践施以影响，并借此塑造了“事件”。

在社会科学的关键需求，“后现代”模糊或软化的背景下讨论各类情况或各种情景逻辑有可能会引起争议。也许这马上就会被当成一种暗示，即识别（和解释）混乱的“社会事实”现实背景下的规律性是可能的。然而，我们这里谈论的不是任何一种规律：我们力图抵制要阐明“历史定律”的诱惑（即历史发展的规律，准确地说是要“解释”关键进程或事件结果之人所宣扬的那类定律），这一视角的追求全然不同，它旨在探究“历史内部的规律”的运作方式（给保罗·韦纳的术语提供一个新说法）[①]。讨论社会科学里这一视角的前提或假设似乎用处不大：最终，对于它的评判将基于其成果，而我认为在这方面完全没有必要感到悲观。

要形象地阐明这个视角中一些独有的思路，需要找到一个有点“异国风情”的作家以及与我先前阐明的所不同的一类事件。在社会科学界，克劳塞维茨的思想应当受到关注，这主要因为《战争论》的特定目标包含着一类特殊的情境逻辑。克劳

---

① 这一陈述性说法的目的是避免引用历史中关于“自然规律”（例如物理规律）效果的问题，因为引用在这里是毫无意义的。本文说到的规律是一种独有的社会秩序。可参看保罗·韦纳：见前注（Paul Veyne（1971），*op. cit.*）。

塞维茨的概念中最重要的元素绝不是他著名的准则——“战争是政治关系延续的另一种方式”，而应当是这一价值微弱的准则与另一个更具说服力的主张的结合，此主张可通过以下方式来重述：战争一旦爆发，两个政治单元之间的武装对抗一旦开始，不管引发战争的政治决定因素是什么，战争的参与者会陷入一种特定的情境逻辑之中，不论他们是否情愿，也不论他们的目的或意图是什么。克劳塞维茨称之为战争的基本规则。这个逻辑包围及约束着战争的参与者；其中心特征和主要特点，就是使这些参与者面临暴力极端化的可能。克劳塞维茨清楚地借助了“绝对战争”的理想模型来阐明此特性。这样的战争从未发生，但有助于解释现实[①]。从克劳塞维茨的观点来看，暴力极端化崛起的可能不仅仅威胁着以摧毁敌方为目的的战争的参与者，而且还威胁着“第二类”战争的参与者——这种战争的目标或意图有限，然而其参与者仍然受此可能的威胁。这一独特的相互作用方式，目前在其他“关键”进程或事件的类别中无迹可寻。

① 克劳塞维茨：《战争论》，午夜出版社（Carl von Clausewitz, *De la guerre*, Paris, Minuit, 1955）。

4 事件的自主性

克劳塞维茨的分析方式还能帮助我们理解论点将要展开的另一层面：假设如他所言，战争不过是政治关系的延续，那么战争实为国家或政府追求的多样化政治目标的结果。然而如我所言，这个基本的方面并不是唯一的准则。由于战争参与者所陷入的情境逻辑，战争往往会产生出与原本的政治追求、缘由或决定因素无关的自身的逻辑。换句话说：它往往会像起飞一样，逐渐脱离其起源环境了；战争的“基本准则”使得其参与者背负一个有约束性的社会逻辑，不管出于什么不同的原因、政治结果、动机以及导向每一场战争的历史途径。在我看来，克劳塞维茨对此的判断是会带来后果的。首先，因为这个直觉有力地动摇了所有历史决定论思维的一个基石；它鼓励我们重新审视社会科学能够从对于待研究现象起源的历史条件的阐释、发掘和再发现过程中获得什么，不论是社会科学新近的发展还是过去的研究传统。许多学者认为，试图发现“起源的遗忘”（毫无疑问存在着的一套平庸社会进程）到底隐藏或压制了什么，是对于解释事件的社会学真相的一种尝试。

这也是为什么我们在面对那些将“解释”一个事件理所当然地归结为探究事件起源的看法时需要极其谨慎。说白了，这种病原学幻象就是为事件（不论是政治危机或是革命）发生前的起因提供一些貌似有理的解释，用词模糊，如“挫折”（“相对”或“绝对”）、“失调”、“痛苦”、“混乱”、“剥削”、“异化”，或者显然的“不满”等，似乎这样便解释了事件。举个例子，要从危机中寻找的，不是1968年5月6至11日那周，警察与巴黎学生的冲突间发生了什么，也不是1989年秋天在莱比锡或布拉格游行中发生了什么。这些“事实”被认为是透明公开、毫无疑问的。换言之，它们构成了这些事件的“表面”和“泡沫”。探索的目标应该在更深刻的、不那么明显的“事实”中存在，这样的事实也理应更重要、更“具决定性”的，更能精确地解释“实际发生了什么”；这些因素或原因通常都在实际事件发生前已经存在，并且通常都是在关联事件之外存在的。

我这里的争论点不是质疑此类“事实”在事件发生前存在的可能性（尽管假设它们根深蒂固地存在于所有情况中也是错误的：1968年5月的法国或1989年东欧与中欧间的革命“起因”很明显都不是这种情况）①。至少就我眼前的目标而言，它主要涉及的，是确定研究对象。我想指出的是，学界目前对事

① 需要强调一下这种病因推理法使用的因果解释极端脆弱，这是一种不中用的方法：对自己方法最低限度的控制应该会警惕学者去关注到，大多数的“起因”或“决定因素”，例如伪解释招致挫败、疏离、不满等常常存在于我们的社会或广大的社会阶层而没有真正引起关键事件或类似的重大事件。如巴林顿·摩尔所言，对社会科学的相关问题，很可能不是“为什么人会造反”，而是“为什么他们没有更频繁地造反?”可参看巴林顿·摩尔：《不公：服从和反叛的社会基础》，麦克米伦出版社（Barrington Moore，*Injustice. The Social Bases of Obedience and Revolt*，London，Macmillan，1978）。

件中实际上“发生”了什么，以及事件独立于其发生原因的可能性——或者换种说法，事件本身的内在动力缺乏兴趣。

5 结构的可塑性

讲到这里，我需要回到结构与行动之间的对立或两极关系上：“结构”的可塑性，“结构”对于动员、行为者的策略或举措的敏感性，这些恰恰是英雄谬误无法识别的。在这方面，流动的形势原理确实做出了一个非常重要的贡献：成问题的地方在于思考某些类别事件或进程具体情况的可能性，考虑到具体情形，或在动员扩散的社会系统中“结构”的具体状态[①]。所有人都认同物质能够以不同形态存在（如固态、气态或液态）。我们所称的社会“结构”和更广泛的制度以及社会关系，即使它们可能会强烈地被“具体化”或制度化，也不一定比物质更“坚硬”或“稳定”；结构与社会关系同样有可能经历状态转

① 关于结构的可塑性以及通过社会结构转型分析关键进程，参见米歇尔·多布里；推理类似，但着重于概念的结构，可参见威廉·索厄尔：《作为结构变革的历史事件：在巴士底发明革命》，收录于《理论和社会》（William Sewell，*Historical Events as Transformations of Structures：Inventing Revolution at the Bastille*，*Theory and Society*，Vol. 25（6），1996，841-881）。

型，因此，可能经历不同的状态[①]。

我来进一步解释一下。流动的形势原理强调了一个根本的特点，这个特点无疑产生了最有成效的实证和理论影响。我将此特点称为社会空间的去部门化的过程或趋势。要理解这一点，我们必须要提醒自己复杂的系统（众所周知，构成此理论的“效度”或相关性的领域并不总是存在）在它们常规的状态或情况下，通常分化为多个相对自主的、高度制度化的社会区域、“领域”或部门。此外，复杂的系统中的每一个部门都蕴含着自身具体的社会逻辑，区别于其他部门并能为自身提供参考。我们必须分析“危机”常与多部门动员（指竞争的动员同时出现在多个社会领域中）挂钩的原因，因为社会空间的去部门化过程在于，人们可以在这种“同时出现”的情况中观察到这些部门自主性大大降低的趋势（有时候甚至是自主性的彻底崩溃），至少受动员影响的部门是这样。这种去部门化趋势尤其明显地体现在，不同部门的界限逐渐清除，对战术行动及局部社会逻辑之外风险的渗透性不断增强。同理，它也暗示着各社会部门或领域之间的竞争和管控的终结（例如议会竞争场）。因此，令危机的参与者及旁观者都觉察到并感觉困惑的风险的流动性，在很大程度上是由于支撑特

① 这一角度就当代社会科学中一个很重要的部分无法从旧有的社会学传统中解放出来这一点作了折中。这个旧传统认为，社会和政治系统的关键条件或状态与“社会病态”是占据同等位置的。这个提法很值得质疑。其实，恰恰是“正常”和“病态”的对立才夯实了上文所批评的方法例外论。

定部门竞争场和特定风险种类之间关系的联结开始由强转弱。去部门化还体现在制度化的暂存性或部门的规则变化突如其来的快速崩溃之中（出于这点，学者们有时会大意地从这些规则变化的“同步”方面进行分析）。而且，如果稍微调整一下观察角度，我们会发现各部门的特定社会逻辑不再是部门中行为者的参照点、认知工具、对于各种行为效率的评价抑或是情景的定义。换句话说，部门逻辑对于事件参与者所做判断的支配地位不断被削弱。下文我会再次谈到事件参与者的判断，但现在我想先阐明对这些判断施加强烈影响的流动形势原理的另外两种特征。第一种是突发进程的出现，我们可称之为去客观化的过程，即社会现实某些方面及一度稳定的特定制度中“客观性”的消失。第二种特征应更大范围内的相互依存而出现，这种相互依存替代了过去以相对更本土化、部门化和分散化为相互依存形式存在的政治社会游戏[①]。通过识别与解释这些社会及制度体制状态的转型（严格来说是形势的转型），我们摒弃了许多被推崇的研究传统，这些研究传统把“结构”具体化，因而无法看到它们的转型，而仅仅是将其视为长期演进的影响或副产品。

---

① 参见米歇尔·多布里：见前注［Michel Dobry（1983），*op. cit*］；跟东欧或苏联共产主义体系崩溃相关的，参见哈拉尔德·瓦德拉：《共产主义和民主的崛起》，剑桥大学出版社（Harald Wydra，*Communism and the Emergence of Democracy*，Cambridge，Cambridge University Press，2007；卡罗尔·西格曼：《莫斯科非正式政治团体和苏联体制的解体》，卡尔萨拉出版社（Carole Sigman，*Les clubs politiques informels à Moscou et la désintégration du régime soviétique*，Paris，Karthala，2009）。

6 如何看待行为者的计算

通过识别流动形势原理的特征，我们可以衡量情境逻辑角度分析的思考范围。这些特征属于宏观社会学层次[①]，却给微观社会学带来了多方面的影响和作用。譬如说，我之前分析了这些社会空间结构的转型可以对行为者的特性施加何种程度的影响，这些特性比我们想象中的更不“安定”[②]。具有一系列重要特征（包括政治流动性的突然涌入，社会空间的去部门化，部门竞争场的开启，以及常规部门逻辑为我们身份提供的各种形式支持的崩溃）的关键形势带来了一个有趣现象，那就是这样的形势显现出一种使特性单维度化的倾向，最终将葛福曼所称的“多重自我”[③] 缩减为个体社会定义的一个单向维度，具有“贵族”“工人”或“忠实信徒”的特质。然而鉴于本文的写作目的，我认为个体的计算以及流动形势特征塑造它们的方式是阐明宏观与微观社会学两者关系中最有用的元素。

在此，作为领悟关键事件或进程中“发生了什么”的主要

---

① 此处我们还有另一种对流动形势原理的评估或“测试”其成果或“有效”程度的方式。

② 米歇尔·多布里：见前注（Michel Dobry（1986），*op. cit.*）。

③ 厄温·葛福曼：《精神病院》，船锚书业出版社（Erving Goffman，*Asylums*，New York，Anchor Books，1961）。

思维障碍，再次出现结构与行动的对立也不足为奇。我们已经认识到这一计算的问题为某些社会传统所排斥的。它们通过讽刺来否认或选择忽略行为者的计算，而其他的传统同样采取讽刺的态度以奉行“决定”或“自由选择”的简单哲学。两者其实都没有触到要点，接下来问题的重新论述可清楚地阐述：社会行为者如何计算……他们何时计算（我们不得不承认我们并不是时时都在计算）。“如何?”意味着当他们计算时，我们思维和实证上的好奇心应该转向思维和认知的工具、评估方法、标记、线索、索引，同时还要转向革命、政治危机、转型或崩溃的参与者在计算时诉诸的“游戏规则”。这样做可以覆盖不同的情况，例如当他们计算什么更值得花精力，哪些风险大，哪些是可行的，当他们想要预见自己以及敌手或竞争者行动的效果，甚至当他们纯粹在摸索理解或定义他们需要采取措施的形势。从流动形势原理角度来看，将对方法的偏好选择以及行为者计算的依据跟方法流通中的形势、“情境”、布局、局面等分离开来是很困难的，更确切地说，将其从嵌套着、构造了这些形势的情境逻辑中分离出来是很困难的。

在此，差异也要算在内。以常规形势和剧烈的政治动荡形势之间的理想——典型对立为例，在前者的场景中，政治游戏的特点是部门化，行为者的计算尤受政治领域的社会逻辑限制。这些大量的计算的方法和依据来源于这些逻辑中：行为者的策略性行动根据游戏的部门化规则（这些规则“务实”“规范”

又“正式”）[1] 展开。同时，这些活动也要遵循当地合法资源的稳定分类来进行，并符合约定俗成的世情。所有的这些在不同的领域或部门中都是恰当的，并且也是行为者熟悉的。政治流动性的突然涌现，去部门化的过程，以及一条持续互相依存形势的新通道，不仅倾向于将政治领域逻辑之外的计算资源、指数和标记引入计算之中，并且使行为者无法继续使用计算和预测时惯用的方法。而正是这个原因，我们可以谈论结构的不确定性。这绝不意味着行为者不再计算，也不是说在这些政治危机时期他们不如平时理智。这只是单纯表明这样一来，他们要被迫去调整计算方式。我已经特别说明，在预测的形成以及对多种参与者的解读上，这些形势的特征在于焦点或情景“特征”重要性的增加[2]。流动形势这一属性首先可以帮助我们解释感召力的构型，这一构型跟马克斯·韦伯的理论概念[3]相比似乎不同寻常；其次，能够帮助我们重构这个严格相关的概念。以 1958 年 5 月的法国政治危机为例，人们通常认为戴高乐将军的魅力领导才能不同于一位能够吸引到一个“情感群体”的领导

---

① 两者区别请参见弗雷德里克·乔治·贝利：《战术和战利品：一种政治的社会人类学》，巴泽尔·布莱克维尔出版社（Frederic George Bailey, *Stratagems and spoils. A Social Anthropology of Politics*, Oxford, Basil Blackwell, 1969）。

② 关于焦点，参见托马斯·谢林：《冲突的策略》，哈佛大学出版社；厄文·高夫曼：《战略互动》，巴泽尔·布莱克维尔出版社（Thomas Schelling, *The Strategy of Conflict*, Cambridge, Harvard University Press, 1960; Erving Goffman, *Strategic Interaction*, Oxford, Basil Blackwell, 1970）。

③ 马克斯·韦伯：《科学理论杂谈》，普隆出版社（Max Weber, *Essais sur la théorie de la science*, Paris, Plon, 1965）。

的“非凡才能”，两者的感召力有着不同的根源。戴高乐将军的特性为目标多元的敌对者提供了很好的焦点，同时这些敌对者还被困在战略互动进程中。他汇集了这些行为者的期盼和可能的解决方案，但这种解决方案完全是基于某种形势，只能在历史进程中的特定时刻发挥作用。与韦伯的概念不同，此处领导的魅力不是凭他个人的举动来“证明”的：以其卓越的方式，戴高乐 1958 年 5 月的战术行动首先是极其谨慎，深思熟虑，并且是低调的。他作为焦点人物的出现主要依仗的并不是他的追随者，而是完全处在戴高乐“情感群体”之外的行为者所做的竞争性战术活动的结果。1958 年 5 月的危机一方面主要起因于阿尔及利亚军队以及在阿尔及利亚的暴徒（很多时候，他们跟反戴高乐极右派高度关联）的行动，另一方面，还归因于社会主义领导者的行动，他们只不过是“魅力”领袖的真实追随者。回到现实，我们这里要探讨的是，当我们在分析一个真正的情景感召力的时候，我们究竟应该分析什么。①

① 米歇尔·多布里：见前注；布丽吉特·盖提：《戴高乐：第五共和国的预言家（1946–1962）》，政治学院出版社；巴斯蒂安·弗朗索瓦：《一部宪法的诞生：第五共和国（1958–1962）》，政治学院出版社（Michel Dobry（1986），*op. cit.*；Brigitte Gaïti，*De Gaulle prophète de la Cinquième République*（1946–1962），Paris，Presses de Sciences Po，1998；Bastien François，*Naissance d'une constitution. La Cinquième République* 1958–1962，Paris，Presses de Sciences Po，1998）。

7　一些启示

我想在这里重点解决前文提到的理论视角在关键“事件”或进程领域之外的影响。第一个方面是时代领袖魅力的问题：流动性形式原理可以让我们换一个角度来重新审视当代社会科学里一些被视为理所当然的观点，并让我们彻底地扭转观念。我想借用另一个例子来简要地阐明这一点。这也关乎我们对政治合法性和合法化进程的理解。我称之为标准范式，其理论基础源自韦伯的论述。标准范式更倾向于对合法性做出“标准的”解读。它把合法性定位在个体社会化的产物里，如信仰、价值观或情感；把政治合法性解读成一种介于治理者和被治理者之间的垂直关系。它假定政治系统的存在主要取决于其是否拥有合法性。基于这个原因，解除政治系统的合法性只能是一个漫长的过程。但是，前面提到的观点可以改变这种观念。我仅围绕以下几个要点来作论述。本文介绍的视角其实可以令人更好地理解合法化的水平关系，理解通过交换完成的合法性通常是如何产生的，而且更能理解在分化且独立的部门、某个领域里不同精英间的冲突。产生这些交换的主要动力并不一定是对共同价值观和信仰的坚持，而可能与行为者的精密计算有关。因此，这个视角提供了一些方法，有助于理解在合法性水平较低的情况下，政治系统何以能继续存活下去。同理，我们也能识别出动员与社会空间去部门化的副产品，即“危机”局面和突如其来、大规模的合法性解除。总体来说，这一分析视角使我们能够向规范范式的一个被忽视和误解的基础提出质疑，其存在于韦伯理论的合法性和合理性的对立之中[①]。

第二方面的启示与第一点类似：这个分析视角呼吁我们对社会科学关注的各系列现象进行系统重组并使其成为可能。这尤其意味着它使我们能够把普通语言（或多或少支持它们界定的学术类型及归类）孤立或反对的现象或社会进程更密切地联系或集中起来，并同时赋予完全不同的“本性”或“本质”。这个讨论首先适用于理解我们称之为革命政治危机、崩溃、转型现象以及多种形式的动员和集体行动。然而，它还涉及表面上与政治危机截然不同的事件和历史纪元，因此演绎上针对它

---

① 米歇尔·多布里：《价值观、信仰和共谋交易：再定位民主制度合法化分析的批注》，收录于荷西·桑迪索（主编）：《寻找民主》，卡尔萨拉出版社（Michel Dobry, *Valeurs, croyances et transactions collusives. Notes pour une réorientation de l'analyse de la légitimation des systèmes démocratiques*, in José Santiso (ed.), *A la recherche de la démocratie*, Paris, Karthala, 2002, 103-120）。

们的具体本质提出假设似乎是不可避免的，例如政治“丑闻”[①] 就是这种情况。总体来说，本文概述的分析视角暗示着研究问题建构的另一种途径。这意味着我们要选择去比较那些一眼望去“不可比较”的事物。

第三方面涉及我上述的情境逻辑这一概念。这个思维工具在当代社会科学中很常见。乍看之下，这里列出的方法似乎跟卡尔·波普的主张有相当密切的联系，即使后者主要用于规划和认识论上。为了尝试把握什么才是真正能够处理科学进程中的复杂概念的社会科学，或说社会学，波普拟出了一个“客观理解”的详细步骤。这个步骤把对情境逻辑的重建和原则上重组其特点的必要性放在了方法论的中心。这种思维方式，他也称之为情景分析，旨在解释行为时忽略心理学因素，同时维护了只有具体的个人和个体参与者有效行动时参照的原则。用波普的话来说，这展示了个体行为在他们活动的局势中如何“客

---

① 米歇尔·多布里：见前注；让-路易·布里克：《对关键局势下政治动员的批评：意大利政治危机分析的假设》，收录于《政治理论》；让-路易·布里克：《意大利黑手党、公正和政治：共和国危机中的安德雷奥蒂事件》，卡尔萨拉出版社；维欧兰尔·卢赛尔：《法官事件：法国政治丑闻中的法官》，发现出版社（Michel Dobry（1986），*op. cit.*；Jean-Louis Briquet，*Mobilizazioni politiche e congiuntura critica. Ipotesi per l'analisi della crisi politica in Italia*，*Teoria politica*，12（1），1996，15-30；Jean-Louis Briquet，*Mafia*，*justice et politique en Italie. L'affaire Andreotti dans la crise de la République*（1992-2004），Paris，Karthala，2007；Violaine Roussel，*Affaires de juges. Les magistrats dans les scandales politiques en France*，Paris，La Découverte，2002）。

观恰当”[①]。然而，这种情境逻辑的概念以及行为者的实践存在一个弱点。这个弱点关系到的现实是，要分析个体行为或个体行为产生的方式与行为的情景、背景之间的任何“恰当”或“适当”性，蕴含着非常大，甚至不可逾越的困难[②]。此外，对于本文的讨论来说，波普在解释个体行为或可观察的实践时还存在另外一个缺点。我指的是他所强调的“目的”“目标”或“意图”，个体知识信息，或是他在试图理解和解释（实为“理性重构”）个体行为时强加给个体的目的、目标和意图[③]。事实上，波普的观点将学者的注意力从识别某类场景的特性（这些特征不仅约束了个人观点和行为，还约束了他们的追求目标）转移到探寻分散的历史元素（符合能够有效观察到的行为和历史结果的元素）。本文的观点引导我们脱离了波普的情境逻辑概念中的主观性。我的观点是，当我们把对逻辑、形势及其特点的探索焦点放在行为者的追求或者我们所想象的行为者“目标”或“意图”上时，我们会错失许多，甚至包括最本质的东西。

---

① 卡尔·波普:《客观知识：一种进化论的方法》，克拉仁东出版社；卡尔·波普:《社会科学的逻辑》，收录于狄奥多·阿多诺（主编）:《德国社会学中的实证主义争端》，海音曼出版社（Karl Popper, *Objective Knowledge. An Evolutionary Approach*, Oxford, Clarendon Press, 1973; Karl Popper, *The Logic of the Social Sciences*, in Theodor Adorno et al., *The Positivist Dispute in German Sociology*, London, Heinemann, 1976）。

② 更详细的分析参见多布里，2007 年。

③ 此角色依赖于波普在心理学上的观点：作者此过程在系统地以其观念中典型的社会学类别（准确来说，是行为者以及他们的知识信息所追寻的任何目标或“客观的”意图）取代心理学上的类别，包括动力、需求、欲望等。

事实上，事实上，从情境逻辑的分析到事后以果推因地重建行动者意图，哪怕已经尽量客观了，也会令打算严肃对待情境逻辑的研究方案失去一切意义。这也是诱惑造成的。大体上，这诱惑不全是波普的，他也并非有意为之，但他主张的做法大多都鼓励此举——在行为者意图或兴趣（有时是“动机”，无视波普宣称的原则）的独特历史建构方面，放弃追求模棱两可的、大多时候乏味的纯粹描述[①]。从本文的理论观点看来，情境逻辑分析主要涉及这些逻辑的构成，也就是说约束条件的典型配置（如果你更喜欢另一种说法的话，那就是机会的典型配置），这些配置对陷在这些状况中形成了他们的观点与看法的行为者施加影响，不管这些行为者追求的目标或物体是什么，不管他们的信息或知识程度如何。大抵只有在这种条件下，情景分析才能达到其目标，那就是解释所有类别的历史情景、进程、事件或现象。

① 我相信在趋向重构一个独特历史场景（包括所有的细节）与波普的认识论思想核心点之间存在着强大的关联。这关系到他强调的对问题情况合理重建的重要性，当试着去理解科学的解释方式以及科学的发现时，一个学者面对的是以其历史独特性而被关注的场景。实际上，在分析情境逻辑时，波普的观念常在法理学追求（他明确地归因于“理论性社会科学”，如社会学、经济学、语言学）和另一个非常不同的任务间徘徊。另一个任务表明，如果应用情景分析，尤其是在“测试”（波普本人很出奇地用了此概念）分析中的陈述时，试图解释独特性的历史方法论能够变得更严谨并获得更多理解。

| 下篇 |

公众参与的进展和局限

五

经受考验中的代议制民主

罗伊克·布隆迪欧

政治代表的问题从2001年起就发生了深刻变化。最初人们几乎达成一致，将代议制民主视为符合要求甚至是人们能设想到的唯一有效的政府形式，但随后人们对此提出了很多问题，然后表现出怀疑，直到对这种政体形式进行批判，有时甚至是激烈的批判。代议制民主建立在定期重选代表的基础之上，它不再是“民主的制造者”[①] 在柏林墙倒塌之后试图输出到世界各地的“历史终点”，也不再是大部分公民们都赞同的政治样式，

① 尼古拉斯·吉尔霍特：《民主制造者：人权和全球秩序政策》，哥伦比亚大学出版社（Nicolas Guilhot, *The Democracy Makers: Human Rights and the Politics of Global Order*, *New York*, Columbia University Press, 2005）。

独立于公民对其政府提出的对时局的批评[①]。

在此期间，这种政府形式面对我们社会中的恐怖主义或专制潮流显示出自己的脆弱来，在面对经济或环境危机时则显得没有效率。由于其强加给公民行动权的限制以及它本身的基础，代议制民主现在受到一部分舆论和政治思想的质疑。

进入 21 世纪后，人们提出大量理论和实践建议来改造政治代表的机构，对这一政体进行思考的概念和能够改造它的程序性创新都得到了极大的丰富。这篇文章要论述的正是这种质疑和创新。

1 一种模式的枯竭

在进入对当代政治代表制变化的分析之前，还是要回到这种独特政府形式的源头和制衡方式上看一看，贝尔纳·玛南的著作已经让这种形式广为人知[②]。他指出来“代议制政府”首先是由美国和法国的制宪会议成员在 18 世纪末作为一种“选举产生的贵族”设计的，这样可以通过选举机制产生的精英以及民

① 匹帕·诺里斯：《批评的公民：民主治理的全球支持》，牛津大学出版社（Pippa Norris, *Critical Citizens*, *Global Support for Democratic Governance*, Oxford, Oxford University Press, 1999）。

② 贝尔纳·玛南：《代议制政府的原则》，弗拉马里翁出版社（Bernard Manin, *Principes du gouvernement représentatif*, Paris, Flammarion, 2012［1995］）。

众的统一来调和政府。

此后，人们认为这种政体的缔造者们都厌恶民主这个词以及这个事物，因为民主被同化为一种危险而不稳定的体制[①]。在这样一种体制中，人民的作用就只是指定执政者，民主缔造者想用这种体制来取代君主专制制度。这种政府形式的精神完全可以通过西哀士（Siéyès）在1789年9月发表的这段演说体现出来，这个段落也经常被人民引用："人民……在一个非民主的国家里（法国实在不是个民主的国家），人民只有通过其代表才能发言和行动。"

如果我们接受玛南的理论，那么代议制政府是建立在四大基本原则之上的：定期选举、代表相对被代表者来说拥有自主权[②]、公共舆论自由和议会审议磋商具有重要地位。直到19世纪下半期，"代议制民主"这个词才真正用来指代这种政体，且

---

① 弗朗西斯·杜普伊-戴里：《民主，一个词的政治史，在美国和法国》，吕克斯出版社（Francis Dupuis-Déri, *Démocratie. Histoire politique d'un mot. Aux États-Unis et en France*, Montréal, Lux éditeurs, 2013）。

② 这种立场更确定了一种代表观念的胜利，即将议员当成"值得信任的人"，而不是简单的受委托者，而且这种观念在法国还伴随着对一切委任代表制形式的摒弃。有关政治代表的不同意义，可参考：汉娜·皮特金：《代表的概念》，加州大学出版社（Hanna Pitkin, *The Concept of Representation*, Berkeley, University of California Press, 1967）；伊夫·辛托默：《政治代表的意义：一个概念的使用和滥用》，收录于《政治理性》（Yves Sintomer, *Les sens de la représentation politique : usages et mésusages d'une notion*, *Raisons Politiques*, Vol. 50 (2), 2013, 13-34）。

并没有改变其特征[1]。1848 年，支持将代表完全建立在选举基础上的人大获全胜。这种胜利的实现实则破坏了“社会民主”捍卫者的利益，后者希望能够推广其他代表人民的形式与人民持续参与公共事务的原则[2]。

因此，代议制民主的确是历史和斗争的产物，通过斗争才使得民主被等同于选举，尤其是全民普选。由于这种奇怪的颠倒，这种过去被视为贵族式的任命统治者的形式现在却足以成为一种自称为民主的政体的特性。聚焦选举的这种做法和代表的指定不利于公民更持续和直接参与决策过程，但是从未停止过，甚至可以说民主就是“为达成政治决策而进行的一种制度安排，在这其中，个人为了得到人民的投票而进行竞争，以获取决策的权力”[3]。

更有意思的是，历史变革使得政治职务的职业化和个人化得到认可，直至达到顶峰。代表们不仅认为自己是人民委任的代表，同时也是人民的化身。代表的这种象征性允许当选者把自己当成选出自己的民众，并且认为自己是唯一能够代替选民

---

① 参看皮耶·罗桑瓦隆的著述，尤其是《未完成的民主：法国人民主权史》，伽利玛出版社（Pierre Rosanvallon, *La démocratie inachevée. Histoire de la souveraineté du peuple en France*, Paris, Gallimard, 2000）。

② 参看萨缪埃尔·阿雅特：《当共和国成为革命性时：1848 年的公民性和代表》，瑟伊出版社（Samuel Hayat, *Quand la République était révolutionnaire. Citoyenneté et représentation en 1848*, Paris, Seuil, 2014）。

③ 约瑟夫·熊彼特：《资本主义、社会主义和民主》，帕约出版社（Joseph Schumpeter, *Capitalisme, socialisme et démocratie*, Paris, Payot, 1990［1942］）。

“发言和行动”的人，在法国的政治文化中，这一象征维度倍受肯定。同时，代表的这种象征意义引发的另一个后果就是议员精心准备登上舞台，其整个目的就是将他与普通人区别开，制造一些情感效应[①]。这种象征意义促使议员在权力的所有层级都要求独占合法性，来贬低其他任何形式的政治代表形式；此外它还制造民主仅仅止步于选举的错觉。

这种模式今天正处在深重的危机中，原因很多，在这里简单地列举出来就行。首先是玛南揭示的代议制政府的四大支柱现在被动摇：选举不能再赋予统治者足够的合法性，让他们在行动时打着人民的名义；他们的自主判断能力受到怀疑，以至他们似乎不像是在为大众利益行动，而更像是受到了或多或少隐蔽利益的影响；公共舆论往往是作为反对势力采取行动，而议会磋商似乎只是一个骗局。

作为理想和权力实践的代议制民主现在正遭受双重危机的夹攻，效率和合法性这两种危机互相推动。政府无力解决问题导致公民的冷漠、不信任和质疑的情绪混杂在一起，更进一步削弱了政府的行动能力。政府代表和体现合法性并且垄断权力的企图只会显得更加令人难以忍受，它们的企图被视为狂妄，

---

① 杰拉德·哥尔勒：《民主的情感方面：对磋商审议和象征性关系的思考》，收录于《政治理性》（Gerhard Gohler, *La dimension affective de la démocratie. Réflexion sur la relation de la délibération et de la symbolicité*, *Raisons Politiques*, Vol. 50（2），2013，97-114）。

其成就也被视为微不足道的一幕演出①。现在，有些人会说到向民主之外的形态的过渡，即“后民主”。在后民主中仅仅保留了民主的外壳，或者说民主的豪华外衣②。

2 批评大盘点

我们只需要简单地盘点一下政治代表今天受到的主要批评，就可以看出批评的多样性和强度。

（1）揭露政府无能

我们必须回过头来看看目前政府行动透露出来的无力感，尤其是在国家层面上，还要看看其带来的效应。在涉及金融市场、跨国企业战略、移民潮、反恐行动等各个方面，政府似乎始终都错误百出，无法迫使人们接受其意愿。随之产生的是一种深深的失望、沮丧甚至是冷漠情绪。如果政权机关不再有办法，去投票又有什么用呢？受到冲击的是执政者的合法性。

---

① 克里斯蒂安·萨尔蒙：《食人肉仪式：关于政治成就》，法雅尔出版社（Christian Salmon, *La cérémonie cannibale. De la performance politique*, Paris, Fayard, 2013）。

② 柯林·克劳奇：《后民主》，迪亚凡出版社（Colin Crouch, *Post-démocratie*, Zurich, Diaphanes, 2013［2004］）。

(2) 揭露背叛

2008 年以来的金融危机让人们产生了另一种类型的怀疑，即怀疑不管是左派还是中间偏右的在任政府与金钱权力机构之间的串通。民主寡头化这个主题①逐渐普及开来，在“占领华尔街”的活动分子常用的词汇中可以见到，同时也出现在不容忽视的一部分民众的普通认知中。今后，政权被经济界掌控的观点人尽皆知。当所有执政者实施同样的政治，好像要听从主要经济角色的命令而行事，那人们如何还能相信政治？

(3) 揭露距离

对政治精英与其他民众之间的社会距离的批评由来已久且十分常见，现在更是加剧②。议员被指责丝毫不了解选民的经历，只知道寻求自身利益，生活在“自己的世界里”，所以他们一直以来都受到批评。但是在政治精英被认定为效率低下的情况下，极右运动挑起的这种“反政治”或者说反机构的批评造成的影响就越大。这种批评结合了对议员缺乏社会代表性的批评，因为议员往往是孤立在选民之外的老年白人男性。这种批

---

① 可参看埃尔维·肯普夫：《够了，寡头政治，民主万岁!》，瑟伊出版社（Hervé Kempf，*L'oligarchie ça suffit*，*vive la démocratie*!，Paris，Seuil，2011）。

② 关于这种批评的古老历史，可以参看皮耶·伯恩鲍姆：《民粹主义的产生：人民和“富人”》，法雅尔出版社（Pierre Birnbaum，*Genèse du populisme*：*le peuple et les*《*gros*》，Paris，Fayard，2012［1979］）。

评拥有大量理论作为支撑，[①] 它引发了一些改革，尤其是对于男女政治地位平等的改革[②]，但是没有哪项改革能解决问题。如果说议员和我不是一类人，我如何能让他们来代表我？

（4）揭露代表原则

从更根本的角度来说，现在有很多运动都试图推广其他政治形式，拒绝将权力委托给代表，实行横向磋商和协商一致，从而彻底否认了代表的原则。类似“愤怒者”这样的运动通过拒绝参加投票选举来尝试确定另一种民主前景，希望以此作为创新实践的实验室[③]。在黑客的世界中[④]或是在一些更特殊的政治背景下，例如墨西哥恰帕斯的萨帕塔民族解放运动[⑤]，世界各地的一些团体都试图为政治代表的原则提供其他替代方案。抽签重新回到政治思想和某些激进分子的提议中来，成为这场非

---

① 可参看伊利斯·马里昂·扬：《包容和民主》，牛津大学出版社（Iris Marion Young, *Inclusion and Democracy*, Oxford, Oxford University Press, 2000）。

② 洛尔·贝雷尼：《男女政治地位平等的斗争：权力女性化的动员》，埃柯罗米卡出版社（Laure Bereni, *La bataille de la parité. Mobilisations pour la féminisation du pouvoir*, Paris, Economica, 2015）。

③ 参看艾洛伊斯·内：《在一场社会运动内部进行磋商审议：马德里愤怒者大会的民主制》，收录于《参与》（Héloïse Nez, *Délibérer au sein d'un mouvement social. Ethnographie des assemblée des Indignés à Madrid*, *Participations*, Vol. 4 (3), 2012, 79-102）。

④ 米歇尔·拉尔芒：《做的时代：侵入、工作、无政府状态》，瑟伊出版社（Michel Lallement, *L'Âge du faire. Hacking, travail, anarchie*, Paris, Seuil, 2015）。

⑤ 热罗姆·巴谢：《再见资本主义：自治、舒适生活的社会和世界的多样性》，发现出版社（Jérome Baschet, *Adieux au capitalisme. Autonomie, société du bien vivre et multiplicité des mondes*, Paris, La Découverte, 2014）。

主流但颇具影响力的运动的一大显著特点[①]。对于很多公民来说，他们想知道的问题是选举是否还有用，是不是还能影响到主要的政策，哪怕只是间接影响。

3　重新思考政治代表

正如人们所见，政治和知识界的讨论充斥着对代议制政府的批评。在理论层面上，我们有必要指出现在有很多研究著述都提出要围绕两个主要观念来重新思考政治代表的问题，而这两个观念的目标是互相接近的，也就是要加强政治代表的民主性。

(1) 推广一种包容型的代表

当下代议制政府对于代议制民主的主导观点趋向于在实际操作中把人民排除在决策权之外，用一些打着人民旗号的代理人来取代人民。传统上，进行选举时被视为公民可以对政府施加影响的时候。议员通过预计选民在下一届选举时可能做出的

---

① 可参看伊夫·辛托默：《民主实验简史：从雅典至今的抽签与政治》，发现出版社；大卫·凡·雷布鲁克：《反对选举》，南方行动出版社（Yves Sintomer, *Petite histoire de l'expérimentation démocratique. Tirage au sort et politique d'Athènes à nos jours*, La Découverte, 2011 [2007]; David Van Reybrouck, *Contre les élections*, Paris, Actes Sud, 2014 [2013]）。

评价来促使自己遵循竞选纲领，充分考虑民意[①]。但普通公民的角色仅限于此，他绝不可能被邀请到权力的桌边来。他最多只能在两届大选之间远距离地对执政者提出质询。

现在越来越多的研究者捍卫的民主代表程序完全是另外一种视角。上述研究者和大卫·普洛特克（David Plotke）一样，强调了“代表的反面不是参与，而是‘排斥’”[②]。在这里，人们要做的是从一个动态和包容代表程序的角度来调和代议制民主与参与式民主，而不是像通常那种偷懒的做法，把二者简单视为互相对立。

这种“包容性代表”的理想[③]要求至少在两次选举之间保持代表和被代表者之间的对话，以及大量合法性考验，在这些考验过程中，政权不仅要受到公民审视，还要接受公民的质询和考核，而且政权不一定能掌控这些互动的框架[④]。因此，这意味着某种程度上的公民政治化，在被召集投票之外的时刻能够积

---

① 雅内·曼斯布里日：《重新思考代表》，收录于《美国政治学杂志》（Jane Mansbridge，*Rethinking Representation*，*American Political Science Review*，Vol. 97（4），2003，515-528）。

② 被引用在纳迪亚·乌尔比纳提和马克·瓦伦的《民主理论中的代表概念》一文，收录于《政治学年刊》（Nadia Urbinati，Mark Warren，*The Concept of Representation in Democratic Theory*，*Annual Review of Political Science*，Vol. 11，2008，387-412）。

③ 萨缪埃尔·阿雅特：《包容性代表》，收录于《政治理性》（Samuel Hayat，*La représentation inclusive*，*Raisons Politiques*，Vol. 50（2），2013，115-135）。

④ 杰弗瑞·格林：《人民的眼睛：观众时代的民主》，牛津大学出版社（Jeffrey Edward Green，*The Eyes of the People*：*Democracy in an Age of Spectatorship*，Oxford，Oxford University Press，2011）。

极表现。

这就是说要设立“连续性民主”的机构，在这种民主中，不管是做出贡献还是提出批评，都需要人民的参与。意大利政治学家纳迪娅·乌尔比纳迪（Nadia Urbinati）正是本着这种精神提议人们重读约翰·斯图亚特·密尔（John Stuart Mill）或孔多塞（Condorcet）的著述[①]。孔多塞提出成立民众倡议的全民公投机构，充分意识到仅以选举为基础的代表程序造成的风险[②]。一旦选举的合法性不足以造就决策的合法性，那么只有在这些条件下，代议制民主才可能继续自称为民主。

（2）让民主的道路多元化

政治代表的民主化还意味着接受政治代表可以是多元的，各种级别的机构共同来促成代表的产生。如果说人们同意了议员代表最后还是保留了以所有人的名义做出决定的权利，那就还要认可选举合法性之外的其他类型的合法性。

从这个意义上来说，皮耶·罗桑瓦隆（Pierre Rosanvallon）指出了像宪法法院、独立行政事务处或行政职权部门在当代民

---

① 纳迪亚·乌尔比纳提：《代议制民主：原则和来龙去脉》，芝加哥大学出版社（Nadia Urbinati, *Representative Democracy. Principles and Genealogy*, Chicago, Chicago University Press, 2006）。

② 可参看安娜·塞西尔·梅西埃：《民众倡议的公投：天才的孔多塞不为人知的一面》，收录于《法国立宪法期刊》（Anne-Cécile Mercier, *Le référendum d'initiative populaire: un trait méconnu du génie de Condorcet*, *Revue française de droit constitutionnel*, Vol. 55（3）, 2003, 483-512）。

主中所占的重要地位，这些机构的行动建立在选举产生的政权之外的其他类型合法性（“公正的合法性”或“自我反省的合法性”的基础之上[①]）。虽说人们可以怀疑所有这些机构是否能以同样名义来促成政体的民主化，但还是要承认它们都为完善代表程序和丰富人民权益的定义做出了贡献。

现代民主面对的主要挑战是要知道如何来让多种合法性结合在一起。一种民主政体应该让议员大会表达出来的人民主权和公民的个人自由协调一致。这正是权力分立观点的根本。因此，要把社会的代表过程考虑成一种复杂的多元过程，在这当中，各类不同性质的机构都被引导着来进行干预。

正是在这个意义上来说，我们还需考虑增加能让民众在两次大选之间的时间段能表达意见的机制，在法国，它们往往被纳入“参与式民主”这样一个相当模糊的类别中。这些参与程序种类多样，能促成民众表达意愿，对选举形成补充，并且明确选举的意义。同时，还能促使大众积极参与政治，否则他们可能会持续消极。此外也能促使人们通过尽可能广泛的磋商审议来产生集体意见[②]。

---

① 皮耶·罗桑瓦隆：《民主的合法性：公正、自我反省、邻近》，瑟伊出版社（Pierre Rosanvallon, *La légitimité démocratique. Impartialité*, *réflexivité*, *proximité*, Paris, Seuil, 2008）。

② 主要参看纪尧姆·古尔格：《参与式民主的政策》，格勒诺布尔大学出版社（Guillaume Gourgues, *Les politiques de démocratie participative*, Grenoble, Presses universitaires de Grenoble, 2013）。

某些程序的目的是使不同于议员的"作为代表的公民"[①] 获得崇高地位，另一些则是围绕待解决的问题来组织公共讨论。但是只要人们同意了选举合法性并非唯一合法性，并且同意在社会代表的整个进程中可以有其他合法的辅助方式，这些做法才具有意义。不幸的是，现在这并非最常见的情况，绝大部分议员陷入代表的狭隘定义中不能自拔，这种定义只建立在议员本身的基础之上。

所以就是从这个意义上来说，政治代表必须被视为一种复杂的过程，在这当中大量活动者有可能形成竞争。选举产生的政权机关始终面对着其他声称能够部分或全部代表人民的活动者的竞争，这些人主要来自公民社会[②]。这种竞争是民主的真正精髓。

4 代表的新机构

21 世纪初出现了大量创新，目标是改革代议制民主的原有

---

① 马克·瓦伦：《作为代表的公民》，收录于马克·瓦伦、希拉里·皮尔斯（主编）的《设计磋商民主：卑诗省公民大会》，剑桥大学出版社（Mark Warren，*Citizen representatives*，in Mark Warren，Hillary Pearse（Eds.），*Designing Deliberative Democracy. The British Columbia Citizen's Assembly*，Cambridge，Cambridge University Press，2008）。

② 迈克·萨瓦德：《代表的诉求》，牛津大学出版社（Michael Saward，*The Representative Claim*，Oxford，Oxford University Press，2010）。

框架。其中有些已经进入实际操作中，还有一些仍处在计划阶段。这里我们只是为了展现这些创新提议的多样性和丰富性而简单罗列一些。

(1) 参与式民主的机构

从 20 世纪 90 年代开始，这个领域的尝试越来越多。它们常常被当成代议制体系的辅助剂，没有被严肃看待，影响力较小或是持续时间短，但是其中的一些尝试却超出了这样的通常看法，而是促成了一种新的政治前景的形成①。参与式预算机制就是这种情况，它允许公民讨论某些预算选择，有时甚至可以就此进行决策②。

一些提出让公民参与宪法或立法规范制定的机制也是属于这种情况。

冰岛的修宪过程表明了通过呼吁公民直接参与来修改宪法是有可能的③。加拿大卑诗省的公民大会也让 160 名普通公民的

---

① 主要参看罗伊克·布隆迪欧：《民主的新精神》，瑟伊出版社（Loïc Blondiaux, *Le nouvel esprit de la démocratie*, Paris, Seuil, 2008）。

② 伊夫·辛托默、卡斯腾·赫兹伯格、安佳·若克（主编）：《欧洲的参与式预算》，发现出版社（Yves Sintomer, Carsten Herzberg, Anja Rocke (Dir.), *Les budgets participatifs en Europe*, Paris, La Découverte, 2008）。

③ 艾琳娜·兰德摩尔：《包容性宪法的制定：冰岛实验》，收录于《政治哲学报》（Helen Landemore,《Inclusive Constitution-Making: The Icelandic Experiment》, *Journal of Political Philosophy*, Vol. 23 (2), 2015, 166-191）。

磋商审议最终改革了投票选举方式，而且之后还进行了全民公投[①]。

其他创新举措联合了议员和决策程序专家之外的其他活动者，或者在决策过程中具备公共意见的性质，这样做更接近包容性代表的理想。就像法国的公共讨论委员会这样的机构一样，它在不利的政治、行政背景下，尝试着围绕一些大型基础设施建设项目来组织兼收并蓄的讨论[②]。这个委员会具有独立行政机关的地位。它不接受来自政府的任何指令，而是组织与这些涉及国家利益的项目相关的全体公民一起进行为期四个月的讨论。还有一些措施就像公民陪审团或公民大会等机制一样，以抽签和意见多样化为基础，也可以让大家加入到决策过程中来[③]。这些尝试有时候可能显得令人失望，影响力有限，但是其数量之多也表明了我们体制的变化，而且在其合法性更受认可的情况下，能够改变我们的体制。

---

① 马克·瓦伦和希拉里·皮尔斯主编：《设计磋商民主：卑诗省公民大会》，剑桥大学出版社（Mark Warren, *Citizen representatives*, in Mark Warren et Hillary Pearse (eds.), *Designing Deliberative Democracy. The British Columbia Citizen's Assembly*, Cambridge, Cambridge University Press, 2008）。

② 玛蒂娜·雷维尔、塞西尔·布拉特里克斯、罗伊克·布隆迪欧、让-米歇尔·弗尔尼欧、雷米·勒费布尔（主编）：《公共讨论：参与式民主的一次法国实验》，发现出版社（Martine Revel, Cécile Blatrix, Loïc Blondiaux, Jean-Michel Fourniau, Rémi Lefebvre (Dir.), *Le débat public. Une expérience française de démocratie participative*, Paris, La Découverte, 2007）。

③ 埃尔维·普图瓦：《微型公共会议和磋商民主》，收录于《政治和社会》（Hervé Pourtois, *Mini-publics et démocratie délibérative*, *Politiques et sociétés*, Vol. 32 (1), 2013, 21-41）。

(2) 数字民主的平台

现在大量的这种民主创新建立在数字技术应用的基础之上，作为线下会议的补充。但是数字技术的使用有可能走得更远，就像一些人期待的一样，去为深度改革古老的代议制民主服务。

海盗党（Parti Pirate）正是围绕着这一目的组建的，在德国和瑞典一时风头很劲，其“液态民主”计划维护的是代表的新概念。原则上来说，就是借助专门软件来缩短代表与被代表者之间的距离，让被代表者能按照自己心意介入到讨论中，或者是根据不同主题来选择代表自己利益的人。

现在有些平台就像阿根廷的网络党（Partido de la Red）一样，通过抽签和网络磋商结合的方式来制定候选人，这些候选人的唯一纲领就是要在当选之后倾听选民的意见。其意图很明确，就是要打破政党对于政治职务任命的垄断，彻底改变代表关系[①]。

其他程序性提议致力于让普通公民能够向他们的议员发问[②]，让他们参与到法律制定过程中来进行共同立法[③]，通过在议员、行政机关和公民间的持续对话[④]，围绕透明和合作的原

---

① 法国的两项创举提议进行相似的举措：la Primaire. org https：//laprimaire. org/et Ma-voix. fr www. ma-voix. fr

② https：//questionnezvoselus. org/

③ https：//www. parlement-et-citoyens. fr/

④ http：//www. territoires-hautement-citoyens. fr/

则，开辟出“高度公民性的地盘”，使得一个“开放的政府”[①]或是一种“开放的民主”[②]能在未来出现。这个领域内的创新数之不尽，我们从现在起就能看到一些政府开始利用这些创新，例如最近关于数字技术的法律在起草之前就进行了公民协商。

尽管现在我们对于这些创举还缺乏时空距离来进行评判，而各种尝试都还在艰难起步中，但是宏伟目标已经昭示出来，就是要让技术为代表形式革新来服务。从网络涌现出来的一些社团承载了以下政治价值观：无阶层、合作、共识和透明，这些都体现在一些公开挑战政治委任制传统逻辑的项目中。因此，这些尝试都值得人们仔细观察和追踪。

(3) 代表自然、代表未来、代表宇宙

重新思考代表问题还意味着要重新思考有可能在政治上被代表的人或实体的性质。代议制民主机构在处理环境问题时明显没有能力，为了进行应对，人们提出大量建议，目的是让非人类的实体也可以进入政治中，并拥有代言人[③]，或者是让人们在政治进程中能考虑到长期和未来数代人的利益[④]。

---

① http://www.opengovpartnership.org/

② http://democratieouverte.org/

③ 可参看布鲁诺·拉图尔：《事务议会草图》，收录于《政治生态》（Bruno Latour, *Esquisse d'un parlement des choses*, *Ecologie politique*, Vol. 10, 1994, 97-107）。

④ 多米尼克·布尔、凯利·怀特希德：《朝向一种生态民主》，瑟伊出版社（Dominique Bourg, Kerry Whiteside, *Vers une démocratie écologique*, Paris, Seuil, 2010）。

短期经济利益不能一直凌驾于环境考虑之上，否则就会造成个体必须面对越来越艰巨的生存条件的风险，实际上这是最根本的。然而，就像皮耶·罗桑瓦隆（Pierre Rosanvallon）提醒我们的一样，代议制民主从本质上来说是“短视”的。其中的执政者往往偏重短期利益而忽视长期利益。因此，我们需要设想一些纳入环境问题的新政治机制。可以采用“长期大议会”或者是“未来议会”的形式，这些机制对于其他议会提出的法律提案拥有暂时停止的否决权，其成员中有一部分是抽签产生的公民，还有一些环境问题专家。法国现在的生态部长已经数次捍卫过这种“第三议会”的观点，马克龙总统似乎也再度采用了这一观点①。

还有一些作者探讨的是建立一种超越民族社群和国家的“世界性政治民主”②或是“无民的民主”③。这些研究面对的困难很大，而且很难设想这些理论进展如何体现在机构上，在这里是无法对此进行讨论的。

这些理论和机构建议能回答人们提出的问题吗？它们能应

---

① 如果要了解往这个方向努力的一项提议，可以参考多米尼克·布尔、于连·贝塔耶、罗伊克·布隆迪欧、巴斯蒂安·弗朗索瓦、让-米歇尔·弗尔尼欧、伊夫·辛托默：《为了一个生态环保的第六共和国》，欧迪尔·雅各布出版社（Dominique Bourg, Julien Bétaille, Loïc Blondiaux, Bastien François, Jean-Michel Fourniau et Yves Sintomer, *Pour une VIème République écologique*, Paris, Odile Jacob, 2011）。

② 达尼埃尔·阿尔奇布吉：《环球政治的民主》，塞尔弗出版社（Daniele Archibugi, *La démocratie cosmopolitique*, Paris, Cerf, 2009）。

③ 卡特琳娜·柯约-泰来纳：《无民的民主》，法国大学出版社（Catherine Colliot-Thélène, *La démocratie sans démos*, Paris, Presses Universitaires de France, 2011）。

对 18 世纪末在另一种社会文化背景下诞生的代议制民主信仰与机构加速崩溃的过程吗？现在还没有人知道答案。但在目前这个政治动荡的时代，民主想象力和机构创造力比以前任何时候都更为必要。

法国的参与式民主：对比强烈的情况总结

罗伊克·布隆迪欧

这篇文章将回顾参与式民主在法国20年的发展历程。参与式民主（participative democracy）这个概念是在20世纪90年代末才真正出现在法国的政治话语中。从此时起，法国进行了大量实验，试图以直接或间接的方式将公民和政治决策过程联系起来，尤其是在地方一级。法国始终是一个典型的代议制民主国家，因为法国的议员始终掌握了最终的决策权和立法权，但是有一种观念已经开始慢慢占有一席之地，即普通公民能够而且应该参与到公共事务的讨论中，甚至是参与到与公民有关的政治选择中。法国的当权者参考其他很多国家中发生的事情[①]，意识到将公民纳入公共决策程序的必要性。他们面对地方和国家层面上越来越多的冲突，不得不或多或少要考虑相关民众的观点。某些政治活动者乃至重要政治角色的言论也证明了这种“参与的必要性”越来越重要。

但是人们如果就此推论政治实践已发生了重大变化，这仍然是十分困难的。这种变化还远远没有发生，而要探询今天在大量机构中采用的参与“说辞”产生的真正效果，这是有可能的。尽管今天确实已经有了很多有效的工具来让公民参与，一些有意义的尝试在公共行动的各个层面上都越来越多，人们看到近些年来在法国和欧洲都出现了政治想象力回归的可观现象，但是现在就断言参与式民主已经彻底成为一种统治方式，那还为时过早。本文正是希望能够反映这种令人喜忧参半，甚至可以说是具有欺骗性效果的总体情形[②]。

---

① 菲利普·阿尔德兰、尼古拉·于贝：《参与的国家——国家思想中捕捉到的参与主义》，收录于《政府和公共行动》；爱丽丝·玛佐、马加利·农戎、拉斐尔·帕里泽：《参与工程的跨国流通》，收录于《参与》（Philippe Aldrin，Nicolas Hubé，*L'Etat participatif. Le participationnisme saisi par la pensée d'Etat*，*Gouvernement et Action Publique*，Vol. 2（2），2016，9-29；Alice Mazeaud，Magali Nonjon，Raphaëlle Parizet，*Les circulations transnationales de l'ingénierie participative*，*Participations*，Vol. 14（1），2016，5-35）。

② 如果想更明确地了解法国参与政策的概况，请参考纪尧姆·古尔格：《参与式民主的政策》，格勒诺布尔大学出版社；或参考罗伊克·布隆迪欧：《民主的新精神》，瑟伊出版社（Guillaume Gourgues，*Les politiques de démocratie participative*，Grenoble，Presses universitaires de Grenoble，2013；Loïc Blondiaux，*Le nouvel esprit de la démocratie*，Paris，Seuil，2008）.

1 参与式民主简史

“参与式民主”这个概念的起源可以追溯到60年代初，更确切地说是1962年在“为了一个新社会的学生们”（Students for a New Society）[①] 这场运动中起草的“呼伦港”宣言。这个概念出现在为了争取公民权的美国学生运动之时。在这一背景下，当时的意图是要让政府承认公民面对当权的政权机构有可能发声，更重要的是质疑代议制民主的机构，因为这些机构鼓励公民在面对政治行动时采取某种消极形式的做法。

实际上，在美国和在欧洲一样，60年代和70年代初都是公民动员的高潮时期，在法国则随着1968年五月风暴事件达到顶峰。在青年运动、环保斗争或是反对城市更新项目的斗争中，公民参与的需求都被表达出来[②]。在工会和左派的言论中，劳动者在企业中自治的主题无处不在，“以另一种方式做政治”的希

---

① 关于参与式民主的历史，请参看玛丽-艾琳娜·巴盖、伊芙·辛托默（主编）：《参与式民主，历史及来龙去脉》，发现出版社（Marie-Hélène Bacqué, Yves Sintomer (dir.), *La démocratie participative. Histoire et généalogie*, Paris, La Découverte, 2011）。

② 赛茜儿·布拉特里斯：《从1968年五月运动到反高速铁路动员——新兴社会机构巩固的过程》，政治学博士论文，巴黎先贤祠索邦一大（Cécile Blatrix, *De mai 68 aux mobilisations anti TGV. Processus de consolidation d'institutions sociales émergente*, Thèse de science politique, Paris, Université Paris I Panthéon-Sorbonne, 2000, https://hal.archives-ouvertes.fr/tel-00723560/document）。

望之火到处燃起，尤其是在法国[①]。一股名为城市行动团体（GAM）[②] 的政治潮流捍卫了居民在城市中作为制衡势力的观点[③]。类似格勒诺布尔市（从 1967 年起由一个出自 GAM 的城市进行领导）的实验性活动，还有占领 Lip 工厂的活动，在这些运动中最具典型意义。

与此同时，虽然说最早一批试图将“参与式民主”进行理论化的研究著作于 70 年代初出现在盎格鲁—撒克逊世界[④]，但这个概念在法国的讨论中几乎是缺失的[⑤]。80 年代中期，这些主题大量减少，与法国左派政府上台形成一个矛盾的巧合。“参与式民主”的概念要到 90 年代中期才重新回到人们的视线中。要理解这样的变化，也许要考虑一下几种变量。90 年代末产生了

---

① 艾琳娜·哈兹菲尔德：《以另一种方式做政治——70 年代未完成的实验》，雷恩大学出版社（Hélène Hatzfeld, *Faire de la politique autrement. Les expériences inachevées des années 1970*, Rennes, Presses universitaires de Rennes, 2005）。

② 城市行动团体（GAM）是 20 世纪 60 年代和 70 年代中在法国市镇由从协会、街区联合会或工会中的活动分子团体创立的。其目的是动员广大公民参与到与他们有关的问题的处理中，而且各个政党对于这些问题，都没能给出满意的回答。

③ 关于城市行动团体（GAM），请参考帕特里克·勒孔特与其他人合著：《城市系统中的城市行动团体：格勒诺布尔、瓦朗斯、尚北里》，收录于《法国政治科学杂志》（Patrick Lecompte et al., *Les groupes d'action municipale dans le système municipal: Grenoble, Valence, Chambéry*, *Revue française de science politique*, 22 (2), 1972, 296-318）。

④ 可参看卡罗勒·帕特曼：《参与和民主理论》，剑桥大学出版社（Carole Pateman, *Participation and Democratic Theory*, Cambridge, Cambridge University Press, 1970）。

⑤ 伊芙·辛托默：《参与式民主，磋商民主：两种新兴类型的对照史》，收录于玛丽-艾琳娜·巴盖、伊芙·辛托默（主编）：《参与式民主，历史及来龙去脉》，发现出版社（Yves Sintomer, *Démocratie participative, démocratie délibérative: l'histoire contrastée de deux catégories émergentes*, in Marie-Hélène Bacqué et Yves Sintomer, *op. cit*）。

大量与环境有关的冲突[①]，表明了公民对于公共决策的不满。类似邻避症候群（Not In My Back Yard，NIMBY）这样的概念出现在词汇表中，这个词指的是住在街道周边的居民因为不希望有新的基础设施项目改变他们的生活环境，从而开展的居民抗争运动[②]。此外，在所有西方社会中，选举弃权现象的升级也表明了人们对政府和政党日益丧失信任感[③]。还要强调的是，90年代末反全球化运动对左派政党的影响，这场运动普及了巴西的阿雷格里港参与式预算的经验，在这种参与式预算中，针对这个拥有一百万人口地方的投资预算，公民们被引导着对其中很大一部分资金的用途做出决定[④]。

---

① 路易吉·波比欧、帕特里斯·梅雷：《冲突与参与之间的矛盾关系》，收录于《参与》（Luigi Bobbio，Patrice Melé，*Les relations paradoxales entre conflit et participation*，*Participations*，Vol. 13（3），2015，7-33）。

② 阿蒂尔·若贝尔：《政治或者说 NIMBY 告知我们关于集体利益的那些》，收录于《*Politix*》杂志（Arthur Jobert，*L'aménagement en politique ou ce que le syndrome NIMBY nous dit de l'intérêt général*，*Politix*，Vol. 42，1998，67-92）。

③ 匹帕·诺里斯：《批评的公民：民主治理的全球支持》，牛津大学出版社（Pippa Norris，*Critical Citizens*，*Global Support for Democratic Governance*，Oxford，Oxford University Press，1999）。

④ 马里昂·格雷、伊芙·辛托默：《阿雷格里港：另一种民主的希望》，发现出版社（Marion Gret，Yves Sintomer，*Porto Alegre*：*l'espoir d'une autre démocratie*，Paris，La Découverte，2002）。

2　2000年代的政治和立法转折点

从20世纪90年代到21世纪之交，更确切地说是在1995年到2005年间，法国投票通过了几项重大法律，从而引入了在涉及公民自身的决策问题上必须征询其意见的公民参与权[①]。在环境方面，1995年的巴尼埃法令引入了公民参与制定环境决策的原则。这项法令在2002年经过修改，从而规定了对于被视为涉及"国民利益"的大型基础设施项目（耗资超过3.5亿欧元的），必须与公民一起组织公共讨论。法国成立了一个独立的行政机关，即国家公共讨论委员会，负责组织这些讨论（全国级别的每年有十来次），而不受任何其他权力机关管制。在讨论结束后（平均时长为四个月，且有大规模投入），国家公共讨论委员会并不会就项目内容发言，而是公布讨论结果[②]。

因此，国家公共讨论委员会从创立之初起就针对法国高速

---

① 罗伊克·布隆迪欧：《参与式民主的观念——重大问题、没想到的和常见的问题》，收录于玛丽-艾琳娜·巴盖、亨利瑞伊芙·辛托默、瑞和辛托默（主编）：《基层治理和参与式民主》，发现出版社（Loïc Blondiaux, *L'idée de démocratie participative. Enjeux, impensés et questions récurrentes* in Marie-Hélène Bacqué, Henri Rey et Yves Sintomer (dirs.), *Gestion de proximité et démocratie participative*, Paris, La Découverte, 2005, 119-137）。

② 妈尔提内·勒韦尔、赛茜儿·布拉特里斯、罗伊克·布隆迪欧及他人（主编）：《公共讨论——法国参与式民主的一种实验》，发现出版社（Martine Revel, Cécile Blatrix, Loïc Blondiaux et al. (dirs.), *Le débat public. Une expérience française de démocratie participative*, Paris, La Découverte, 2007）。

铁路（TGV）运营路线、高速公路、煤气站或近海风力发电站等问题组织了公共讨论。委员会平均每年组织十多次讨论，由项目方提供资金。为了组织每一次讨论，委员会要任命一个由 5 名成员组成的专门独立委员会，其中有待讨论领域的专家，也有公民参与问题研究专家。这个委员会要听取所有相关方面的意见：业主以及项目反对者，还有当地的议员。为此，委员会要发动传播力量，以告知民众，引起全社会的关注。同时还要组织会议，设置数码平台，公民通过这些形式可以获取信息，同时还能向负责人提出问题，并且表达自己的观点。

公共讨论的使命是探讨与项目实施的一切重大问题（经济、环境、卫生……），并且使得每一个利益相关者都能发表意见，充分强调自己的理由。这种做法的好处在于讨论是在项目的早期阶段组织的，此时项目本身的合理性还是可以探讨的。有些项目在经过公共讨论之后被放弃或是被修改，例如极高压（THT）电线项目或是一些铁路项目。但是最常见的情况是，公共讨论只给项目带来了小幅度的改动。

要想使公共讨论有效展开，针对讨论项目提供的信息必须完整可观，而且每个人都应该能够自由发言，参与讨论的人们提供的各种论据都受到重视，而不是视各方力量对比关系。只要这些公共讨论是以独立和专业的方式组织起来的，那么这样的讨论就有益于决策的合法化。国家公共讨论委员会现在已经被认可为法国参与式民主中的一个重要角色。

仍然是在环境方面，一个具有宪法意义的重要文本即2005年的《环境宪章》强调了参与的必要性，宪章在第7条中规定："根据法律确定的条件和限制，任何人都有权获得公共权力机构手中掌握的有关环境的信息，以及有权参与对环境有影响的公共决策的制定。"因此，今天的立法者都必须遵循这项已被宪法委员会认可的原则。从这时候起，参与权就已经是环境权的一个组成元素，而且在2016年通过当时的生态部长赛格林·罗雅尔在任时起草的一份新文件得到了进一步明确和加强，而罗雅尔本人也因2007年将参与式民主作为参加2007年总统竞选的重要内容而名声大振。在2016年的文件中，一项主要规定就是1万名公民可以通过请愿书要求就环境项目组织公投。

法国关于参与式民主的立法并不仅仅涉及环境方面。2000年的《社会团结与城市更新法》（SRU）规定，在制定城市规划文件时必须与公民进行协商。2002年的《基层民主法》在人口超过8万人的所有城市都强制性地设立了联合公民的"街区议事会"。在市镇间机构的框架内①，法律还规定从1999年开始设置一些协商机制，即发展议事会（由协会、工会和雇主联合会代表组成），议员可以让这些议事会加入自己的政策中来。2014年关于城市政策的法律（针对最贫困的街区）规定要设立"公

① 市镇间联合体集合了一些市镇共同合作，某些政策也成为共有。从2015年8月7日的法律颁布之后，市镇间联合体至少要有1. 5万名居民。大都市也是市镇间联合体，相当于超过40万居民的地域。在法国一共有17个。

民议事会”，其成员从街区居民中抽签产生，这些议事会的主要作用是参与到国家和地方政府对涉及这些街区的决策制定中来。

因此，这些法律因素表明了在公共行动的一些领域中参与权刚刚得到承认。从理论上说，议员不能完全忽视公民。但是从实践来看，这些法律的强制性还是相对薄弱的。实际上，在组织这种参与的方式上，议员几乎完全是自由的。决定协商形式的只有议员，没什么能强制他们在决策中实实在在地去考虑居民的意见。

3 数量庞大的参与工具

在立法框架之外，地方和国家治理者还求助于大量的参与机制，试图将这种参与式民主具体化。这些参与程序的目标和影响力都各不相同。根据著名的阿恩斯坦分类法，某些程序只是为了围绕参与本身进行象征性的宣传，并没有给予公民任何真正的位置[①]。这是对参与概念进行纯粹而简单的工具化。其他一些程序则满足于就某个已经计划好的项目来征求公民意见。让公民参与项目的制定，在决策程序的早期阶段加入进来，这

① 雪莉·阿恩斯坦：《公民参与的分级》，收录于《美国规划协会杂志》（Sherry Arnstein, *A Ladder of Citizen Participation*, *Journal of the American Planning Association*, Vol. 35 (4), 1969, 216-224）。

也是有可能的。最后还有少数一些程序以共同决策或共同产生决策的形式，赋予了公民真正的决策权。

在最普遍使用的参与式民主工具中，我们可以区分出以下五类机制来：

就政治选择的制定与公民进行协商的机制。这方面的大量尝试都是为了让全体或部分民众加入到围绕公共政策问题进行的总体思考中来。这种情况下，可以说是轰动效应的民主。对于政府来说，最常见的做法就是表现出正在倾听公民的意见，而不是真正让他们参与到最终选择中。这种参与采取大型讨论、公共会议、论坛、“三级会议”、工会或政党会议的形式，从中采集居民的意见和提议，但是其目的并非立即行动。这里的参与往往产生一些总体的建议。而重点在于动员民众，让他们参与进来，至少是象征性地参与到地方或国家政府做出的选择中来。这些做法的目的是公关，而不是真正的参与。

围绕项目进行协商的机制。法律规定政府机构提出的大部分项目都要经过事先协商（参看上文）。这里，参与的目的很明确，而且能立即产生重要意义。与项目有关的客观信息原则上要事先传达给公民，然后公民要表示自己是否赞同该项目。对于公民来说，重要的是能让自己的声音被听到，并且能影响决策朝对他们有利的方向发展。议员具有最后的决定权。

议事会机制。其目的是面对各级议会设立一些补充的公民代表机构。这些机构可以代表全部或者部分民众，其权限是纯粹的协商。其中有些是街区议事会公民议事会或者是发展议事会，但是也有儿童或青年的市政议事会[①]、外国居民议事会、老年人议事会……除了代表性的问题之外，这些机制还提出了成员地位的问题：他们是否真正拥有发起行动的权力？相对议员所在的权威机关，他们又处在什么位置？他们凭借什么样的合法性来向议员进行质询？

微型公共机制。例如公民陪审团、磋商审议民意测验或是公民大会，这些机制都建立一个相似的机理之上：也就是说从民众中抽签选出一个公民代表团体（人数从 15 到 300 人不等），目的是就政府提出的问题征询意见。这些微型公共机制召开会议的时间相对较短（通常为几周）。而它们要面对的有关受询问问题的信息，则是互相矛盾的。由于其所产生的意见是普通公民讨论的结果，所以这些机制被认为可以为地方政府就正在讨论的问题做出选择带来启发。

公共政策的共同决策或共同制定机制。这些机制为数最少，但是它们使公民能直接对决策产生影响。这其中最著名的就是参与式预算。一些个人或团体可以提交自己的计划案，然后由

---

① 米歇尔·柯贝尔：《儿童和青年议事会》，收录于卡斯约、巴比耶、布隆迪欧、夏多雷诺、弗尔尼欧、勒费弗尔、讷弗和萨尔（主编）的《参与的批评和跨学科词典》，民主与参与科学性团体（Michel Koebel, *Conseils d'enfants et de jeunes*, In Ilaria Casillo, avec Rémi Barbier, Loïc Blondiaux, Francis Chateauraynaud, Jean-Michel Fourniau, Rémi Lefebvre, Catherine Neveu et Denis Salles (dir.), *Dictionnaire critique et interdisciplinaire de la participation*, Paris, GIS, Démocratie et Participation, 2013, URL: http://www.dicopart.fr/fr/dico/conseil-denfants-et-de-jeunes）

全体公民投票表决。这种投票可以以实体方式也可以通过网络进行。这种情况下，民众掌握主动权和最终选择权，政权机关对公民项目只起到筛选和引导的作用。

公民还有可能以合作的方式非常直接地参与到地方的某些计划的实施中，比方说在街区范围内。法国北部的洛桑戈埃勒的市政府就是这样开展了一个计划：一个居民团体也就是一个协会，它可以向市政府申请开展改善生活环境的行动（植树……），而且“市政府从财力和技术上对项目予以支持，但是项目的落实或管理要由申请者（或者是市政府与申请者一起）来完成”[1]。

所以说参与的机制是多种多样的。政府为了更好地实施参与政策，可以参考这一系列参与工具。公共行动的每种工具都会得出一种参与模式，并构建起某一类型的公众[2]。在这些条件下，我们可以就单一的一种工具的使用得出结论。为了营造真正的参与空间，往往必须结合多种程序，求助于好几种类型的工具。

---

① http：//www. loos-en-gohelle. fr/loos-ville-pilote/participation-des-habitants/

② 皮埃尔·拉古姆、帕特里克·勒加莱斯（主编）：《用工具来统治》，政治学院出版社（Pierre Lascoumes，Patrick Le Galès（dirs.），*Gouverner par les instruments*，Paris，Presses de Sciences Po，2004）。

4 政治参与的层级

法国现在的参与式民主在公共行动的所有层级展开。很长时间以来，市镇被视为理所当然的参与地点[①]，现在这个层级上的政治革新也最多[②]。在农村，每年围绕环境治理和领土整治问题产生的冲突都会带来大量的协商行为。让·厄德·伯雷（Jean-Eudes Beuret）和安娜·卡多雷（Anne Cadoret）的著作《共同治理地方——面向一种合作民主》中就统计了法兰西基金会[③]在2002到2007年[④]间支持的300个这类型的尝试。这些协商通常都是在当地政府提议下举行，目的是对共同空间和资源（水、自然界、海岸管理……）进行共同治理。一旦不同利益相关者之间出现使用冲突时，例如当农民和渔民的利益在某条河

---

① 马里昂·帕奥莱蒂：《地方民主和全民公投》，拉玛唐出版社（Marion Paoletti, *La démocratie locale et le référendum*, Paris, L'Harmattan, 1997）。

② 罗伊克·布隆迪欧：《城市成为政治革新地》，《世界报》，2017年3月30日（Loïc Blondiaux, Démocratie participative: *Les villes sont devenues les lieux de l'innovation politique*, *Le Monde*, 30 mars 2017）

③ 法兰西基金会成立于1969年，是一个私营独立机构，被认可为公益性组织，其目的是支持慈善、教育、科学、社会或文化项目。它旗下有数个其他基金会，都是为集体利益而工作。

④ 让·厄德伯雷、安娜·卡多内：《共同治理地方——面向一种合作民主》，夏尔·莱奥波·梅耶出版社，法兰西基金会（Jean-Eudes Beuret, Anne Cadoret, *Gérer ensemble les territoires. Vers une démocratie coopérative*, Paris Editions Charles Léopold Mayer, Fondation de France, 2010）。

道上发生冲突时，或者是一项工业活动可能会干扰到工厂附近居民时，协商机制就会启动。最为常见的就是协商是由议会机构提议的，但也可能是出自一个协会或协会联合体。

这些协商首先是要对现状进行诊断，而且必须把诊断报告交给所有利益相关者。参与者可以直接展开新的研究，也可以在独立专家指导下进行，由此便进入了由参与专家主持的讨论期，来对比不同的观点。这些做法的关键就是要让利益相关者更好地认识彼此，让人们畅所欲言，每个人都能提出自己的观点和解决办法。最后，不管做出什么样的决策，比起政府机关自上而下强加的决策，它获得合法性的机会都要大得多。对这类机制进行的调查表明，只要这些做法符合真实政治的意愿，也就是要考虑所有相关方面的意见，而且是由专门从事协商工作的人员以专业、公平的方式组织起来，那么它们是富有成效的。

德龙省的萨扬（Saillans）是个只有 1300 名居民的村子，2014 年当选的村镇领导选择了“将权力交还公民”，其做法是引入了一些参与式民主的机制，让每个居民都和议员一起参与到公共行动中。议员和公民共同组成工作组，一起来实施项目。到目前为止，村子里 25%的村民已经参加了这些交流讨论。对于这一尝试的发起者来说，目的就是要表明议员并不能垄断政治权限，而公共行动如果建立在所有人参与的基础上，是可以更有效率的[①]。这里的做法实际上是希望能成为地方政治新概念和新做法的一个实验室。

此外，参与式民主在法国诸多大城市中也已成为政治的一部分，例如在南特、雷恩、波尔多、斯特拉斯堡或是巴黎。这些城市都拥有专门负责筹划参与政策的部门。在巴黎，参与式预算的试验室是目前最宏大的项目。安娜·伊达戈领导的市政府在2014年做出选择，让市民决定该市投资预算中5%的资金的去向（每年大约1亿欧元）。这是世界上最大的一笔参与式预算的资金。每年，公民或者协会可以提交项目建议（例如修建自行车专用道、整治公园、墙体植被覆盖……）。2016年一共提交了3300个提案[②]，然后由市政府的部门来研究这些项目的技术可行性。确定被留用的项目后，要提交全体巴黎市民投票（实体投票或电子投票）。在2016年，有159000名巴黎市民前去投票，最终接受了219个项目，巴黎市政府承诺从2017年开始落实这些项目。这样一种机制不仅能使市政府充分利用公民的集体智慧，同时也能让公民了解公共行动的复杂性。

通过巴黎的例子，我们可以看到一种大都市民主的预兆，在这种民主中，公民有可能经常性地参与到与他们相关的主要政策中。但是我们并不能就此高估这一变化。并不是所有的法

---

① 杜格朗：《在萨扬，以短路方式做政治》，《世界报》，2016年4月18日（Maud Dugrand，*A Saillans*，*la politique se fait en court-circuit*，*Le Monde*，18 avril 2016）。

② https：//www. paris. fr/actualites/budget-participatif-2016-tous-les-resultats-4116

国城市都在这个领域取得了相同的进展，尤其是市镇政治权限在向市镇间政府机构逐步移交时，远没能带来这些地方权力级别的真正民主化。(城市圈或大都市) 市镇间议会现在掌握了城市规划、路网和住房方面最重要的权限，但是这些议会并不是通过直接选举出来的。在这个级别上，议员在进行管理时并不需要考虑公民的意见，完全缺乏真正的公共讨论[①]。与此相反，参与式民主的机制实施的层级（城市或街区）并不是做出决策的这一级，这就形成了一个重大的政治问题[②]。

现在法国在国家层面上有参与的实验，但是数量并非最多。我们之前提到了国家公共讨论委员会。还可以列举两个最近的举措。公共行动现代化总秘书处（SGMAP）[③] 最近在起草产业领域政策时尝试使用微型公共机制[④]。2016 年，这个秘书处应卫生部的要求组织了一个公民工作坊，目的是对大数据在卫生领

---

① 法比安·德萨日，大卫·盖朗热：《被据为己有的政治——市镇间改革和机构的社会学》，克罗康出版社（Fabien Desage，David Guéranger，*La politique confisquée. Sociologie des réformes et institutions intercommunales*，Editions du Croquant，2011）。

② 罗伊克·布隆迪欧：《地方民主和公民参与：承诺与陷阱》，收录于《运动》（Loïc Blondiaux，*Démocratie locale et participation citoyenne：la promesse et le piège*，*Mouvements*，Vol. 18，2007，44-51）。

③ 公共行动现代化总秘书处（SGMAP）是 2012 年设立的一个归总理管辖的机构，它为几个部委提供服务，在公共政策评估和构思中，尤其是常设信息系统的设置和行政体系质量和便利程度改进方面为政府提供支持。

④ 《参与式民主：为了促进公民参与而开设的公民工作坊》（*Démocratie participative：des ateliers citoyens pour renforcer la participation citoyenne*，*Modernisation. gouv. fr*，http：//www. modernisation. gouv. fr/les-services-publics-se-simplifient-et-innovent/par-la-consultation-et-la-concertation/democratie-participative-des-ateliers-citoyens-pour-renforcer-la-participation-citoyenne）。

域的应用问题提出意见。在两周的时间里，由一个民意调查机构抽签产生的15位公民听取了专家的发言，就这个复杂的问题进行了讨论，形成了一份意见书，然后提交给卫生部。部委承诺将会在未来的政治决策中参考这份意见。

在立法方面，有关“数字共和国”的法律筹备工作可以视为一次尝试。2015年末，法国在网络平台上就这一法律进行了广泛的公民意见咨询。3万多名网民加入到对法律的讨论，提交了评论或是修改意见。该法律中有5条最终得到投票通过的条文直接来自公民的提议，还有十几条是在征询意见后直接进行修改的。这类做法在部委或议会中的常规化可以把公共决策空间明确地向普通公民开放，让他们与专家和利益团体一起进入决策中。但是这类协商提出了代表性和匿名性的问题（在这些平台上发言的是什么人?），不过在参与式民主方面还是能形成一个有意义的进展。

5　政治想象力的回归

然而，推动公民参与的当代运动却并不仅限于我们刚刚提到的那些由政治机构推出的举措。代议制民主的当代危机（参看我的另一篇文章）目前引发了一整套理论和实践的建议，很多人都在尝试改变代议制政府传统的平衡关系。

2016年春天，名为“夜晚站立”（Nuit debout）的运动在法国数个大城市中组建了“公民大会”[①]，几周的时间里占领了不少广场，这场运动表明人们渴望其他形式的政治生活和另一种民主诉求。这场运动受到了西班牙愤怒者运动或美国占领华尔街运动的很大影响，表明了部分民众对政治代表制的强烈不满[②]。这些运动的活动分子摒弃了代表的原则，更倾向于公民直接和公开地表达意见，并且要求积极参与到政治决策中。

这些诉求也出现在其他动员活动中，有些动员的目的是反对一些基础设施建设项目（机场、高速铁路、核废料填埋……），从而引发了保护区域（ZAD）的设立，也就是说一些活动分子团体长期占领一些区域，人们在这些区域里表达自己的抗议，并且实验公共生活的某些形式[③]。如果说这些保护区域是与政权直接较量的地方，其他团体则尝试着以自主方式组织起来以获得某种形式的行动权。这可以是住房、消费或共享花园的尝试形式，也可以是社群组织这种针对政权提出更多要求的形式。现在“社群组织”这个概念在法国引起了很多思考，

---

① 帕特里斯·玛尼格里埃：《夜晚站立：一次思考的实验》，收录《现代》（Patrice Maniglier, *Nuit Debout: une expérience de pensée*, *Les Temps Modernes*, Vol. 691, 2016, 199-259）。

② 邦雅曼·苏里斯：《广场的民主——从愤怒者到夜晚站立，朝向政治的新地平线》，夏尔·莱奥波·梅耶出版社（Benjamin Sourice, *La démocratie des places. Des Indignados à Nuit Debout, vers un nouvel horizon politique*, Paris, Charles Léopold Mayer, 2017）。

③ 菲利普·苏布拉：《保护区域，从斯文斯到兰德的圣母院》，黎明出版社（Philippe Subra, *Zones à défendre. De Sivens à Notre-Dame des Landes*, Paris, Editions de l'Aube, 2016）。

带来很多举措，尤其是在城市中[①]。这意味着要动员平民阶层的公民，让他们面对政权机关能发出自己的声音，并且影响其决定，促进他们的赋权[②]。

其他有些团体则提议借助数码技术来更新民主。这种被称为公民技术的运动也引起越来越广泛的公众兴趣[③]。对于推广者来说，这是让普通公民能为法律的制定贡献力量（议会与公民运动就属于这种情况），让他们监督议员的活动（公民的眼光），发起请愿（Change. org 平台）或者是在网上进行磋商（STIG 手机应用软件；Civocracy 智能平台），从而达到“改善民主”。这些数码技术还可以试着更好地给公民提供关于项目的信息，（Voxe. org），使公民能够与议员进行对话（Democracy. os）或者在党派之外指定候选人（La Primaire. org）。正如我们所见，今天在法国创造出来的大量公民技术都给人们带来了很大的期望。但应用这些技术的人还是少数，难以带来真正的变化（现在只有几万到几十万网民会定期使用这些平台）。

---

① 于连·塔尔潘、艾琳娜·巴拉扎尔：《社群组织：一种解放性实践的来龙去脉、模式和推广》，收录于《运动》杂志（Julien Talpin，Hélène Balazard，*Community Organizing*：*généalogie*，*modèles et circulation d'une pratique émancipatrice*，*Mouvements*，Vol. 85，2016，11-25）。

② 玛丽-艾琳娜·巴克和卡罗·比委内：《解放的实践：授权》，发现出版社（Marie-Hélène Bacqué，Carole Biewener，*L'empowerment*，*une pratique émancipatrice*?，Paris，La Découverte，2013）。

③ 于贝尔·吉约：《公民技术：值得探讨的民主革新》（Hubert Guillaud，*Civic Tech*：*les innovations démocratiques en question*，2016，*Interneetactu*，http：//www. internetactu. net/2016/06/24/les-innovations-democratiques-en-questions/ ）

政治想象力回归的另一个迹象必须在一些理论家以及政治活动者的言论中去寻找，在人们以为已经消失的古老政治技术中去寻找，例如将抽签作为一种可能的方式来指定新的代表[①]。因此，现在有些思想家和团体打算组织抽签产生的政治大会，可以与议会一起参与到法律的制度中[②]，或者是有可能参与到新宪法的编写工作中。其他一些活动者则捍卫另一种观点，也就是说，第五共和国宪法第27条现在禁止的委任代表制可以重新启用，这样能迫使代表根据他们选民的需求办事（例如“我的声音”团体）[③]；我们还可以列举以瑞士为榜样的投票倡议权，这一权利经常被援引为使法国政治体系民主化的必要条件，2017年总统大选时好几位候选人都在自己的竞选纲领中引用了这一项。

---

① 伊芙·辛托默：《民主实验简史：从雅典至今的抽签与政治》，发现出版社（Yves Sintomer，*Petite histoire de l'expérimentation démocratique. Tirage au sort d'Athènes à nos jours*，Paris，La Découverte，2011）。

② 大卫·凡·雷布鲁克：《反对选举》，南方行动出版社（David Van Reybrouck，*Contre les élections*，Paris，Actes Sud，2014［2013］）

③ “我的声音”团体诞生于2015年9月，其理想是在议会中引入参与式民主，也就是通过网络合作平台收集普通公民的想法和建议，然后从运动中抽签选出志愿者代表就此进行投票，从而使普通公民能参与到投票通过法律的程序中。

6 作为幌子的承诺？普及参与式民主的疑虑与障碍

然而，参与式民主在法国遇到了一些困难，阻碍了这种做法的推广。这些障碍既有文化方面的也有体制方面的。在体制方面，第五共和国宪法的实践树立了一种强有力的行政权模式，按照这种模式，共和国总统手中集中了主要的权力。这种权力分配模式也存在于地方层面，即市长和地区或者部门的一把手具有主导地位，以至于某些作者将市镇称为“市级君主制国家”①。通常来说，这样行使权力带来的决策模式中，公民磋商只能起相对次要的作用。

在法国，从结构上来说，国家的地位与公职部门的精英主义文化似乎与公民参与最重要决策的做法是格格不入的。按照严格标准，以竞争方式招募的行政部门负责人难以承认普通公民有足够能力就他们做出的决定表达自己的看法。地方政府的全体公务员也一样，他们经常在言论中将他们选择的“合理性”与公众表现出来的“恐惧”与“热情”对立起来。

议员们对于承认参与式民主的价值也有同样的疑虑，他们

---

① 阿尔贝·玛比洛：《关于法国式的市级君主制》，收录于《权力》杂志，73 期（Albert Mabileau，*De la monarchie municipale à la Française*，*Pouvoirs*，Vol. 73，1995，7-17）。

大多数要求垄断对大众利益的定义权。他们的言论和态度表达了这样一种观念：他们是合法性的唯一持有者。在这个意义上，他们严守一种认为公民对政治事务的参与仅在选举之时的代议制政府概念①。

法国的辩论文化氛围相对不算浓厚。学校这个地方并不能教会人们在公共场合表达自我、与其他人合作、讨论、认识到自己有能力质疑权威、实现各种计划，而是相反，这里发展出竞争意识、对权威的遵从、自省意识，令成绩不佳的学生产生反抗意识，令好学生过于自负。与谈判文化和政治平等观点非常普遍的北欧国家不同②，法国社会以非常不平等的方式分配真正的政治参与所必需的各种能力。

但参与式民主的实验同样碰到了一些固有的困难，首先是参与式民主动员的公众从社会学角度来看不够具有代表性。不论是经常参加街区议事会的人，还是通过“公民技术”在线上磋商中表达自己观点的人，情况总是一样的：他们因融入社会的程度更高和学历更高而区别于普通大众。在这些决策空间发出自己声音的，常常是那些已经有一定影响力并且已经对政治

① 贝尔纳·玛南：《代议制政府的原则》，弗拉马里翁出版社（Bernard Manin, *Principes du gouvernement représentatif*, Paris, Flammarion, 2012［1995］）。

② 亨利·米尔纳：《公民能力——信息灵通的公民是如何为民主的良好运转做出贡献的》，拉瓦尔大学出版社（Henry Milner, *La compétence civique. Comment les citoyens informés contribuent au bon fonctionnement de la démocratie*, Québec, Presses de l'Université de Laval, 2004）。

问题感兴趣的公民，而不是年轻人、底层人民或外裔人士[①]。

情况确实如此，但还是可以有一些细微的不同。类似社群组织工作（Community Organizing）这样的一些机制已经证明，只要按照最穷困人群自己的日程来组织他们，就有可能将他们动员起来[②]。为此，我们需要一种强烈的政治意愿并使用独特而有效的支持方法[③]。某些措施，例如抽签，通过力求实现社会学意义上的真正代表性，同样可以扩大观点的多样性，尽管在每个社会群体之内仍然是与政治关系最密切的个人有最多机会参与。

最后需要强调的是，年轻人（通常很少参与官方机构）和底层的参与依赖于许多参数，而这些参数应该被参与的组织者们纳入考虑范畴：使用一些方法让每个人都能在讨论中感到自在；提到与这些人群真正相关的问题；通过值得信任的中间人始终为这些人群提供支持……如果所有这些条件都得到满足，就有可能扩大参与的圈子。

参与式民主遇到的第二个障碍在于组织参与的范围。正如

---

① 参考罗伊克·布隆迪欧：《民主的新精神》，见前注（Loïc Blondiaux，*Le nouvel esprit de la démocratie*，Paris，Seuil，2008）。

② 于连·塔尔潘：《社群组织——美国从动乱到民众阶层的结盟》，行动理由出版社（Julien Talpin，*Community Organizing. De l'émeute à l'alliance des catégories populaires aux Etats-Unis*，Paris，Raisons d'agir，2016）。

③ 马里昂·卡雷尔：《让居民发言：平民街区的公民性和行动力》，高师出版社（Marion Carrel，*Faire parler les habitants. Citoyenneté et pouvoir d'agir dans les quartiers populaires*，Lyon，Presses de l'ENS，2013）。

我们已经看到的，为了涉及真正的决策空间，参与式民主通常在过于有限的领土面积上实践（例如一个街区）。在大多数情况下，公民不能对做出最重要决定的场所施加影响。这种“基层民主”使得参与仅限于次要的整治问题。

在对一些项目进行协商时，要涉及公众全体同样非常困难。例如，一场围绕一条高压线的辩论：参加会议的极有可能是那些住在电线周围而可能受害的人们。而那些享受供电的人们极有可能在讨论中缺席，但他们的观点也很重要。因此存在一种非常难解决的范围偏差。

最后还有一个重大难题：如何让公民在产生主要政治问题的国家乃至世界层面参与，同时不降低每个人参与的质量？时至今日，参与式民主仍然主要是地方性的。

7 参与式民主成功的条件

在二十多年的实验之后，现在人们终于可以清点一下，哪些变量决定了参与式民主的成败，这些变量如下：

(1) 框架的明晰

很显然，一项参与式民主措施的成功依赖于游戏规则的准确与明晰。理想情况下，利益相关者应该能够在前期对这些规则进行讨论和协商。有可能就什么议题进行辩论？允许哪些角色参与，它们各自的作用是什么？结果是什么，决策的影响是什么？规则与参与后续事项的模糊会损害这些做法的可信性。那么在试图重建信任时就会产生风险，造成人们的挫败感和愤怒情绪。

（2）组织的专业化

有效的参与意味着要投入真正的物力和人力以及时间。今天，存在一些有能力实施这种政策的参与式民主专家、顾问或专业人员。法国设立了这个领域的一些专业，例如巴黎一大（先贤祠索尔邦大学）的协商专业硕士。使用这一技能非常重要。参与式民主不是临时起意，它需要有效的工具和技能。

（3）各种机制的组合

为了确保公民的真正参与和接受决策，通常我们不应满足于使用单一的机制。我们看到，今天存在着一个很丰富的工具库，每种工具各有特色。既然不是所有的工具都具有相同的目的，效果也不尽相同，更可取的做法是在决策过程的不同时刻使用其中的几个工具。

（4）把那些远离政治的公众考虑在内

我们已经看到，要触及那些并非自发对政治问题感兴趣的公民是很困难的。首先需要具备让他们参与的手段，例如前往现场收集他们的观点。但是，如果无法让他们亲身参与，在讨论中以不同方式代表他们的利益就非常必要。这是为了让参与空间不要被融入程度较高的公众完全占用。

8 确定一种强烈的政治意愿

如果在最高政治层面上没有确定一种意愿，任何参与实验都不会成功。这种意愿是必要的，尤其是为了各政府部门能够认真对待公民的参与。既然让公民参与具有一定的政治风险，比方说可能会发现自己的某些决策受到居民们质疑，政治参与者们相信且不害怕使用这些做法是很重要的。在参与成功需要的所有条件中，这是最重要的。如果人们不想在之后的选择中考虑协商的结果，那就完全不需要冒风险去展开磋商。

七

公民议事会：延续或更新“法国式”的参与民主？

托马斯·克茨班

四十余年来，法国一直存在一种被称为“城市政策”的公共政策，它针对的主要是来自法国前殖民地的少数民族集中聚居的社会福利住房街区。这种政策从一推出就被当作城市民主的“实验室”，通过居民更直接和日常地参与与他们相关的事务，对投票权的行使形成一种补充。在国家的推动下，城市政策也是市镇（或市镇间）行动的组成部分。因此，这种公共政策四十年来的发展与法国自20世纪80年代初以来推行地方分权的进程密切相关，因为后者巩固了地方议员的权力。城市政策很快就作为一种资源为市长们所利用，以表明自己在地方管理上的领导权。当然，在这种城市政策为市镇所用的同时，政府给平民街区居民提供了直接参与地方事务的机会，但这些机会在法国所称的“参与式民主”框架内受到了地方议员的严格控制。

对法国平民街区参与制度设置的分析必须放在参与式民主更广阔的背景下（即通常背景下①）来进行，这种参与式民主具有双重特点，一方面是普选中当选的议员具有极大的掌控权，另一面是为了实现地方政府部门现代化而将参与工具化。尽管平民街区最初被设计成新的公民实践的实验田，但实际上这里的参与比在通常情况下的参与显得更为艰难。在这些街区中，大多数居民往往是少数民族，这些团体很难在参与式民主的机制中找到自己的位置，而居民协会也难以获得城市政策支持的资金。意识到这些局限性，国家最近开始推行一种新的工具：公民议事会。公民议事会在波尔多市的实施让人们看到城市政策专家在其中起到的推动作用，与议员和市政府部门的抗拒形成了鲜明对照。

① 通常背景下的政策指的是无差别地在整个领土范围内实行的公共政策，包括了重点帮扶街区，与此对应的是局限于重点区域的特殊政策行为。

1 在通常背景下政府提供的参与制度

在法国，公民资格在地方上的落实并不是顺理成章的。根据大革命以来的传统，公共空间（从政治空间的意义上来说）被设想为个人公民资格和社会、宗教、民族以及乡土归属之间的分水岭。这种关于公民资格的抽象而非乡土的概念经历了逐步调整的过程。主要通过以下举措：首先是市议员和总议员（后改称为省议员）的直接普选选举产生，随后是戴高乐时期国家试图发动公民社会的“活跃力量”（尤其是工会力量）来与省长及其带领的地方权贵所代表的“保守势力”抗衡。60 年代和 70 年代之间也出现了扎根于地方的参与需求，这一次是由公民自身根据激发当时“城市运动”或“城市斗争”的自治和直接民主理想提出来的。[①]

从 80 年代和 90 年代开始，这种逻辑发生了逆转：所谓参与式民主的各种形式在法律和地方政府的推动下发展起来。围绕领土整治项目，相继出台了大量规定公民知情权以及公共辩论框架的条文。但是帮助我们理解参与式民主飞跃发展的关键因

---

① 曼纽埃尔·卡斯特尔：《城市斗争》，发表于《自由手册》，弗朗索瓦·马斯佩出版者（Manuel Castells, *Luttes urbaines*, *Cahiers Libres*, Vol. 244, Paris, François Maspero, 1973）。

素是80年代开始启动的地方分权过程。实行地方分权的理由，并不仅仅在于其与雅各宾主义决裂的意图，还因为它注重通过深化地方民主来拉近公民与公共决策的距离。一些法律最终确立了在地方上提供公民参与机会的框架。2002年的一项法律就规定，居民数超过8万人的所有城市都必须设立街区议事会（拥有2万至8万居民的市镇可自行决定），目的就是组织起议员和被管辖居民之间的对话。

在仅有的几种强制性机制之外，地方上提供的参与机制似乎丰富多样。然而，人们始终难以把握参与式民主，因为在这个标签之下，是一些混杂的对象、程序、技术和做法，从公关宣传到信息告知、咨询意见或是协商，再到磋商审议[①]皆是如此。

2 参与式民主，重获代表合法性的不完备工具

除了地方做法的多样化之外，制度化参与最突出的特点就是议员对自己高高在上的地位和从普选中获得的代表合法性的肯定，这两点使他们成为唯一有资格在专家人员的帮助下来说

① 雷米·勒费弗尔：《被地方政治系统吸纳的参与式民主》，收录于《都市政治》（Rémi Lefebvre, *La démocratie participative absorbée par le système politique local*, *Métropolitiques*, octobre 2012）。

明集体利益内容的人。其他的表述，尤其是协会的言论都被归为属于个体利益范畴的少数人诉求[①]。

但是，法国的“代表的民主”至高无上的情况同时也是政治代表制的一种危机。越来越多的迹象表明，公民对于那些被视为代表他们的机构失去了好感。其中最明显的一个征兆就是选举中的弃权或是不在选民名单上进行登记的现象。网络作为公共辩论空间的崛起也表明了公民对于直接、平等表达意见的向往，与代议制民主形成决裂。代议制民主的特点是当选代表的人在社会面貌上越来越具有相似性，尽管从2000年左右开始，法国推行男女代表人数的均等及来源多样化的政策，也就是增加少数民族议员的数量。法国在欢庆50万名地方议员当选的同时，不应该忽视选举功能中对于性别、年龄、社会和种族情况的选择性[②]。

面对这种普遍的不信任情绪和公民监督议员的意愿[③]，议员们开始寻求新的证明自己合法性的形式。参与式民主就是他们手头掌握的资源之一，但是也正因此，并不能完全满足公民更直接参与公共事务的愿望。参与式民主的机构属于代议制民主

---

① 玛蒂娜·巴特雷米：《协会，参与的新时代》，政治学国家基金会出版社（Martine Barthèlemy, *Associations, un nouvel âge de la participation*, Paris, Presses de la Fondation nationale des sciences politiques, 2000）。

② 米歇尔·科贝尔：《地方权力或是不可能的民主》，克罗康出版社（Michel Koebel, *Le pouvoir local ou la démocratie improbable*, Éditions du Croquant, 2006）。

③ 皮耶·罗桑瓦隆：《反民主，不信任时代的政治》，瑟伊出版社（Pierre Rosanvallon, *La contre-démocratie. La politique à l'âge de la défiance*, Seuil, 2006）

的一部分，议员可以自行决定是扩大还是减少参与在他们设立的机构中带来的影响。此外，规定设立街区议事会这类机构的法律条文对这些机构的职能、权力和组成方面的描述始终是模棱两可的。

在制度化参与的舞台上，议员试图疏导并压制冲突，而且也无法完全控制这些冲突[①]。居民们提出的主题通常都集中在对地方微观事务的关注上，并没有“上升到普遍性”从而升级到城市或城市圈问题的真正可能。这种“邻近式民主”因而显得与处在其他层次上（城市、城市间合作、大都市……）的公共决策空间脱节[②]。还有一些有关公共决策更为正式的协商机制是由法律强行规定的（市镇间公共机关发展议事会，大区内的经济、社会、环境议事会），但是它们针对的是协会或工会这类“中间团体”。这些中间团体处在政府和公民之间，从而阻碍了公民直接进入公共舞台，其内部民主运作也趋向于重现统治者

---

① 罗伊克·布隆迪欧：《磋商民主对阵冲突民主？冲突在当代的参与理论和实践中的地位》，收录于《政治理性》，卡特琳娜·讷弗：《参与民主和社会运动：在驯服和野蛮化之间》，收录于2011年的《参与》[Loïc Blondiaux, *Démocratie délibérative vs. démocratie agonistique? Le statut du conflit dans les théories et les pratiques de participation contemporaines*, *Raisons politiques*, 2008, Vol. 30, 131–147; Catherine Neveu, *Démocratie participative et mouvements sociaux: entre domestication et ensauvagement?*, *Participations*, Vol. 1 (1), 2011, 186–209]。

② 玛丽-艾琳娜·巴盖、亨利瑞伊芙·辛托默（主编）：《基层治理和参与式民主》，发现出版社 [Marie-Hélène Bacqué, Henri Rey, Yves Sintomer (dir.), *Gestion de proximité et démocratie participative. Une perspective comparative*, Paris, La Découverte, 2005, 119–137]。

和被统治者之间的二元对立[①]。

3 参与作为行政现代化的工具

邻近式民主中包含着另一种可以被定性为管理性的逻辑，因为这种民主也属于行政现代化的做法。在这里，参与的目标是借助居民的“专业经验”或者说“实用知识”来使地方公共政策效率更高[②]。议员们鼓励政府部门采纳“消费者—使用者”的意见，估量他们的期待和满足感，在应对时反应更快捷。那么，提供民主机会也就是在公务部门绩效规范的框架内邀请使用者来讲述自己的经历，谈论自己的日常。

如果说“法国式”公务部门的传统概念假设使用者无法确定自身需求[③]，那么通过使用者来进行公共服务的现代化与其说反映了公务部门的民主转折点，还不如说是一个新自由主义的

---

① 托马斯·克茨班：《通过协会团体来使地方公共行动民主化?》，收录于《法学联合会》（Thomas Kirszbaum, *Démocratiser l'action publique locale avec les corps intermédiaires associatifs?*, *Jurisassociations*, Vol. 541, 2016）。

② 玛丽-艾琳娜·巴盖、亨利瑞伊芙·辛托默（主编），见前注（Marie-Hélène Bacqué, Henry Rey, Yves Sintomer（dir.）（2005）, *op. cit.*）。

③ 布鲁诺·周贝尔：《使用者和公共机关人员：对于一个复杂体系研究方法的建议，收录于米歇尔·肖维尔雅克·哥德布主编的《在市场和公民性之间的使用者》，拉马唐出版社（Bruno Jobert, *Usagers et agents du service public: proposition pour l'approche d'un système complexe*, in Michel Chauvière, Jacques Godbout（dir.）, *Les usagers entre marché et citoyenneté*, Paris, 1992, L'Harmattan）。

转折点。公务部门走向真正的民主化意味着使用者参与到公务方向和运作的制定中来，而不仅仅是对其效率进行评估，简而言之，就是使用者要参与决策。这也意味着要利用与公众接触的职员的知识来让政府部门改变运行方向，与忽视舆论和实地经验积累的公共组织文化背道而驰[①]。

除了某些给予公民一种真正决策权的在大城市发起的参与式预算之外，公民在受邀参与时的一项明确条件就是不能参与决策。现有的机制更侧重居民作为使用者而不是公民的形象。实际上，在集体利益产生的过程中，公民不仅与普选出来的议员代表形成直接竞争关系，与技术人员和专家之间也一样。如果说居民或使用者表达个人偏好的能力得到了承认，那么其上升到集体利益高度的能力往往是被否认的。

4　在平民街区环境中的参与

在城市政策所涉及的平民街区中，参与也被认定为市政府的一项特殊权力。与70年代遵循从下而上逻辑的城市斗争不同

---

① 有关这方面的经验，可以参考苏珊·罗森伯格和马里昂·卡雷尔：对于20世纪70年代以来参与的“专家-活跃分子”的职业生涯分析，《面对危险，缓和公共领域机构与客户的冲突》，发现出版社（Marion Carrel，Suzanne Rosenberg，*Face à l'insécurité sociale：désamorcer les conflits entre usagers et agents des services publics*，Paris，2002，La Découverte）。

的是，市政府是参与举措的发起者，而且在一场自上而下的运动中控制这些举措。[①] 参与的制度化或多或少取代了之前存在的有时是源自公民社会的机制，有时候这些机制可能源自公民社会（格勒诺布尔的街区联盟、里昂的地方利益委员会、马赛的街区利益委员会……），但其基本功能是在议员和成为权贵的少数精英公民之间建立对话。[②]

在城市政策涉及的街区中，同时存在着一些普通法的机制和其他更为特殊的机制。例如在格勒诺布尔，普通法方面的机制是一系列由市政府首创的机制（至少直到2014年市政府中的多数党派发生改变时的情况是这样）：产业领域协商议事会，产业领域交叉口，地方政府机关协商委员会，居民房屋使用者委员会，公民预警程序，“公民”项目招标，青年倡议基金，外国侨民协商议事会……在大部分地方行政区域中，有种特殊机制，就是在围绕一些城市翻修项目的协调组织中，或者是涉及像“健康—城市工作坊”或就近进行城市和社会管理等一些主题范围，设立“参与基金”（国家从2000年代初起要求普及这种做法）。至于城市管理，我们注意到城市对“行走中诊断”这种做

---

① 乔治·龚特沙罗夫：《街区委员会的复兴》，罗伊克·布隆迪欧等人主编的《地方民主、代表、参与和公共空间》，法国大学出版社（Georges Gontcharoff，《Le renouveau des comités de quartier》，in Loïc Blondiaux et al.（dir.），*La démocratie locale. Représentation*，*Participation et espace public*，Paris，1999，Presses universitaires de France）。

② 托马斯·克茨班：《开放街区资源》，为阿玛德斯网络撰写的报告（Thomas Kirszbaum，*Valoriser les ressources des quartiers*，*Rapport pour le réseau Amadeus*，2014）。

法兴趣浓厚，也就是说议员和技术专家在街区中漫步，并且要与居民进行对话，收集他们对于政府部门运转不良的看法。

直到公民议事会建立时，居民可以行使自主权的唯一制度空间就是参与基金的领域，这种基金使得一些项目能获得市政府预算的拨款。但是在最好的情况下，每年也只有几万欧元的金额，与市政府预算相比，拨给这些基金的预算就显得太微薄了。除了预算少之外，涉及的项目过于微观和地方化，这也大大削弱了这些基金的意义。①

地方上的参与机会被设计为代议制民主范围的延展，因此能让市议员显得贴近公众。实际上，相对来说，除了参与基金之外，任何城市政策机制的设立都是由市议员来主导、主持并指定参与者。他们独自或者与协会和居民代表一起来制定议程，也就是参与本身的内容。而最近设立的公民议事会从这个角度来看是有所革新的，我们还会回到这上头来。

5　少数民族在参与中的结构性缺席

平民街区中发展起来的参与式民主机构的一个重要特点就

① 伊芙·辛托默等：《从欧洲比较的角度来看参与式预算：德国和欧洲市级合作情况的前景与机遇》，马克·布洛赫中心（Yves Sintomer et al., *Participatory Budgets in a European Comparative Approach. Perspectives and Chances of the Cooperative State at the Municipal Level in Germany and Europe*, Vol. 2, Centre Marc Bloch, 2005）。

是年长的白人男性垄断了这些机构，而他们在地方民众中是几乎不具代表性的。移民及其后裔往往占这些街区中人口的大多数，但他们在参与式民主空间中却找不到自己的位置。

这些少数民族在法国已经生活了数十年，却始终受歧视。这与第二次世界大战前后的欧洲移民现象有着重大区别。当时的移民来自波兰、意大利、西班牙或葡萄牙，他们已经通过社会斗争[①]和获得政治上的公民资格[②]融入法国社会。与此形成对比的是，来自非洲大陆的移民所受歧视的规模之大和持续之久，这对今天法国社会接纳少数民族的能力提出了疑问。这些移民的后裔出生在法国，其中大部分人都是法国人，但是他们融入社会还是十分困难，因为这个社会很难将自己视为一个多元文化的社会。

几十年来导致这些街区局势动荡的城市暴动正是这里的居民在社会和经济上融入困难的最明显征兆。这些暴动也许更可以看成是民主空间缺乏包容性的表现。之所以缺乏民主的包容性，是因为地方乃至国家的政治精英很少会代表这些民众，后

---

① 杰拉德·努瓦里埃尔：《法国大熔炉：移民史（19—20 世纪）》，瑟伊出版社（Gérard Noiriel，*Le Creuset français. Histoire de l'immigration*（19ème - 20ème siècles），Paris，Seuil，1988）。

② 多米尼克·施纳帕：《公民社群：关于现代的民族概念》，伽利玛出版社（Dominique Schnapper，*La communauté des citoyens. Sur l'idée moderne de nation*，Paris，Gallimard，1994）。

者很少参与到选举进程中来[①]。在巴黎郊区的某些平民市镇，市长当选时的得票率甚至低于城市总人口的10%！

问题还不仅仅是出身于少数民族的议员能担任地方最高层职务的人数太少[②]，或者是外国人参加地方选举的承诺没能兑现。最重要的还有对这些居民身份的承认，他们会不断被提醒自己的“与众不同”，甚至被指责为缺乏“融入”的意愿。因为地方上在使用“公民资格”这个词的时候会把它和融入这个主题搅在一起，来督促属于这些群体的人“成为公民”，同时间接强调这些人不适应公共生活的规范，虽然这只是种估计[③]。因此，政府机关趋向于将少数民族民众幼稚化，把公民资格看成是一种学习，一种教育[④]，甚至是平民阶层的一种文明化事业[⑤]。

如果从大量欧洲国家经历的紧张局势来判断，与某些少数民族拉开距离并不是法国独有的现象，这些紧张局势从极右民粹主义的根深蒂固这一点上可以感受到。但是融入危机在法国

---

① 塞西尔·布拉柯尼埃、让－伊夫多尔玛让：《弃权的民主》，伽利玛出版社（Cécile Braconnier, Jean-Yves Dormagen, *La démocratie de l'abstention*, Paris, Gallimard, 2007）。

② 埃里克·凯斯拉斯：《政治向多样性开放》，蒙田学院记录（Eric Keslassy, *Ouvrir la politique à la diversité*, Note de l'Institut Montaigne, 2009）。

③ 埃莉斯·帕罗玛尔、奥德·拉博：《少数人和公民？请作证》，收录于《人与社会》（Elise Palomares, Aude Rabaud,《Minoritaires et citoyens? Faites vos preuves》, *L'Homme et la Société*, Vol. 160, 2006, 135-160）。

④ 雅克·东兹洛等：《制造社会：美国和法国的城市政策》，瑟伊出版社（Jacques Donzelot et al., *Faire société. La politique de la ville aux États-Unis et en France*, Paris, Seuil, 2003）。

⑤ 弗朗索瓦·杜贝、达尼洛·马图切利：《我们在什么社会中生活?》，瑟伊出版社（François Dubet, Danilo Martuccelli, *Dans quelle société vivons-nous?*, Paris, Seuil, 1998）。

尤为深重。有以下几个缘由：对于殖民遗留问题缺乏共同的记忆，尤其是对于曾被殖民30年的阿尔及利亚而言；政治传媒对“穆斯林问题”的建构，认为这种宗教与法国的政教分离原则是不相容的，而在法国却生活着欧洲最大的穆斯林社群；最后就是一种平均主义的政治辞藻，它被不平等的现实和所谓“郊区”居民所遭受的歧视揭穿了真面目。

6 协会被工具化

近30年来，法国经历了一场关于其“融入模式”的论争，讨论主要围绕着“法国共和式普世主义”和“盎格鲁—撒克逊的社群主义”之间过于简单化的对立而展开。与社群主义联系在一起的，是少数民族或少数宗教团体的自我封闭以及他们所谓的拒绝在一起，对社群主义的批驳打击了少数群体在地方和国家公共空间的集体言论，这些言论被认为是不合法的①。属于少数民族的居民协会得到了城市政策的资助，但条件是这些协会要参与到有利于形成“社会纽带”和“共同生活”的行动中去，而且不能表明其民族或宗教身份。议员更鼓励协会与居民

① 法布里斯杜姆：《社群主义：关于法国民族主义的幻想》，德莫珀里斯出版社（Fabrice Dhume，*Communautarisme. Enquête sur une chimère du nationalisme français*，Paris，Éditions Demopolis，2016）。

会面并邀请居民到协会中去，考虑到相关协会现实中的政治中立性，这些活动似乎是“没有风险的”①。

地方政府对制衡势力始终十分忧惧，这对赋权的动力来说是全然不利的，而协会也没有起到聚合社会需求、压力集团或诉求者的作用。占主导地位的是协会的碎片化及它们之间为了获得财政资源进行的竞争②。根据不同协会适应政治—行政规则复杂性的能力，他们在获得城市政策财政支持时是很不平等的关系。因为协会在城市政策中的干预具有越来越强的技术化和职业化的特点，这样才能满足出资者的行政管理要求。

城市政策迫切要求得到协会的帮助，但协会却始终只限于实现政府机构以封闭方式制定的目标③。国家和地方行政机构之间签署的有关城市政策的协议从一开始就具有不对称的特征，其表现就是协会并不是协议的签署者，而是被排除在主导委员

---

① 埃莉斯·帕罗玛尔、奥德·拉博：见前注（Elise Palomares，Aude Rabaud（2006），*op. cit*）。

② 伊芙·辛托默、雅克·德·玛雅尔：《法国“城市政策”中地方参与和协商的局限》，收录于《欧洲政治研究学报》［Yves Sintomer，Jacques De Maillard，*The Limits of Local Participation and Deliberation in the French* “*Politique de la Ville*”，*European Journal of Political Research*，Vol. 46（4），2007，503-529］。

③ Philippe 瓦兰：《法国城市政策的困境》，收录于《瑞士政治学杂志》（Philippe Warin，*L'impasse démocratique de la politique de la ville en France*，*Revue suisse de science politique*，vol. 3（3），1997，1-29）。

会之外，因此缺席于地方政策制定的舞台[①]。与城市政策在英国对应的“社群”（也就是说向公民社会开放的）治理正好相反，到目前为止，在法国都是由国家和市政府两个公共机关垄断战略选择。

当然，在平民街区内也有许多公民动员活动，但这些居民区远不是像我们通常描述的公民意识淡漠的地方。平民街区内公民参与陷入了一个根本性的两难：如果希望得到政府财政支持来开发项目，前提是行动要非政治化而且要双方一致同意。一旦这些团体强调民主中冲突的一面，发挥批评政府行动的功能，那么就会有不被政府承认并且得不到资助的风险。

7　国家导向的变化

如果城市政策是由市政府（或者市镇联合体）来实施的话，它往往还是由国家推动的，重点也是要在国家的导向中找准公民参与的位置。从国家的角度来说，参与主要还停留在口头上，只是一种具有魔法的咒语。当然国家也有自己的一套说辞来吹

---

① 雅克·德·玛雅尔：《地方公共行动中的协会：实用化参与还是民主的开放?》，收录于《社会联系和政治》（Jacques De Maillard, *Les associations dans l'action publique locale: participation fonctionnalisée ou ouverture démocratique?*, *Lien social et politiques*, Vol. 48, 2002, 53-65）。

嘘街区和居民的潜力，这里的年轻人和多样性都被描述成积极性或是团结精神的源泉。这种说法虽然在法国城市政策历史上极少数时候占据过主导地位，但其转化为实际操作还是十分有限的。

8 从平民街区的开发到城市翻修

1983年公布的《一起重建城市》报告通常被视为城市政策的创始文件，这个报告赞美了“平民街区”，包括其民族多样性。报告作者于贝尔·迪贝杜（Hubert Dubedout）当时任格勒诺布尔市长，对他来说，这些街区应该成为对“城市管理民主化”的刺激。和“街区社会发展”政策的先锋人物一样，由于这种政策是在80年代得名的，迪贝杜其实是60年代和70年代“城市斗争”的继承者。然而，自治的理想可能给这些运动中的一部分带来了启发，但他的目标却远不是自治的理想，而是将市政府、国家、社会出资方和所谓“代表性”协会（例如租户联合会）之间的协商（但并不是共同决策）空间制度化，同时确立与组织并不完善的居民团体进行对话的条件。

因此，街区的社会发展在于提供一种参与的制度化做法，满足被假设为正在消失的居民诉求，70年代起白人中产阶级开始离开这些平民街区从而带来了这种需求。这种政策的发展也和 1982-1983 年开始生效的地方分权法令相吻合。参与理想与市长在主导的城市政治方面的领导权之间的矛盾很快就凸显出来，此外城市政治也是委员会根据自己意愿来称呼的。[①]

很快，居民参与这个主题在较长一段时间里都不再热门。国家只是把它当成一种魔法咒语提及，认为这是议员的事情。80 年代末和 90 年代初，国家导向在社会政治环境发生变化的情况下也出现了明显转变，而导致社会政治环境变化的有以下情况：北非马格里布地区移民后裔自治运动的失败和工具化，这些年轻人主要是在 80 年代的不同进程中被动员起来的[②]；这些进程中的一部分领袖被分配到次要的（类）行政和选举职务；最后就是在极右政党国民阵线开始扎根的背景下，关于移民和政教分离的公共讨论进入紧张状况。

在 90 年代的转折时期，城市政策步入一个新阶段，也就是其作为国家政策的制度化阶段。因此，城市政策变成了一个专门领域的行政机关，具有专业团队、程序、工具、行动框架和资金等。所以它变得技术至上，留给居民参与的空间越来越小。国家优先考虑的不再是像 80 年代一样的动员公民社会。居民问题被理解成机构缺陷造成的后果，必须通过让那些“抛弃”了

---

① 雅克·德·玛雅尔：见前注（Jacques De Maillard（2002），*op. cit*）。

② 赛义德·布阿玛玛：《马格里布后裔的十年行进：一场失败运动的历史》，德斯克雷·德布劳尔出版社（Saïd Bouamama，*Dix ans de marche des Beurs. Histoire d'un mouvement avorté*，Paris，Desclée de Brouwer，1994）。

街区的公共机构回归街区，在重新考虑这些问题时拥有“真正的”公民资格[1]。

21世纪初，城市政策进入了第三个发展期，也就是“城市翻修”期。“打破隔断”成为拆除社会福利住房的行动理由。此后，工作重心是帮扶街区重新注入“社会融合”，尽可能分散原来的居民。这一战略以缺乏社会融合的名义拒绝承认居民们在自己所在的街区生活的合法性，与建立在利用内生资源基础上的参与的概念是互相矛盾的。

城市翻修行动规定了一些被称为“协商”的做法。但是对如何快速取得明显成果的关注，使得这些做法被简化成面向居民的普通“宣传”或“教育”行动。对于决策者来说，首要问题是让人们接受拆迁的原则，平息居民们通过个人而不是集体行为表达出来的对自己未来住房的焦虑。城市翻修引发了居民的一些动员行动，但其目的是为了抵制这些翻修项目，而不是为了参与到项目的制定中。[2]

---

① 托马斯·克茨班：《为什么法国抗拒赋权》，收录于《城市规划》（Thomas Kirszbaum, *Pourquoi la France résiste à l'empowerment*, *Urbanisme*, Vol. 380, 2011, 74-76）。

② 雅克·东兹洛、雷诺·爱普斯坦：《民主和参与：城市翻新的例子》，收录于《精神》（Jacques Donzelot, Renaud Epstein, *Démocratie et participation：l'exemple de la rénovation urbaine*, Esprit, Vol. 326, 2006, 5-34）。

9 拉米改革：参与的新时代？

对城市政策主要历史情况的一个简要回顾显示，参与的指令正在逐渐消失，从2005年之后，国家几乎就没有再强调过这种参与的指令。因此这个重大议题直到2012年5月奥朗德当选总统之后才重新回到国家言论中来。

在此之后，参与问题重新引起了城市部的注意，该部委最终传达了2005年秋季城市动乱之后一部分城市政策专家的忧虑。这种不安情绪在动乱之后十分明显。人们向专业人士提出了如何实际操作的问题，他们作出了应对，开始使用“赋权”这个在法国属于全新的概念，后来这个概念在法语中被译成“行动权”。在这个源自英国的概念之下，是大量“和”公民一起工作、而不仅是“为”公民工作的承诺。①

正是在这种背景下，城市部部长弗朗索瓦·拉米在2013年就居民参与问题请教了两位知名人士，即社会学家玛丽-艾莲娜·巴盖和协会领导人穆罕默德·迈时玛什②。在2013年1月

---

① 托马斯·克茨班：《朝向一种法式赋权？关于巴盖—迈时玛什报告》，收录于《思想的生活》（电子期刊）［Thomas Kirszbaum, *Vers un empowerment à la française? À propos du rapport Bacqué-Mechmache*, *La Vie des idées* (revue en ligne), 2013］。

② 2005年11月的城市暴乱后，迈时玛什先生在林下克利希创建了ACLEFEU协会，这里是暴乱开始的地方，之后在几周的时间里席卷全国。

15 的项目信件中，部长请他们提出一些建议，来“发展进行集体组织新形式实验的街区中居民的行动权，配合资金投入，使居民能更正式地加入和议员、政府一起制定决策的进程”。

他们在报告中也呼吁深层次的改革，从报告的标题就能看出来，即《为了彻底改革城市政策》，其宏伟目标并不是要构建一个简单的“工具箱”，而是创造出一些“制衡势力”，支持“在冲突中建设集体利益”。巴盖—迈时玛什报告提出大量建议以保持协会的独立性，加强其行动能力，确保那些“没有声音的人”能在公共辩论中找到自己的声音。除了制衡势力之外，城市政策本身的治理也应该民主化，给公民和协会代表主要的发言权。因此，报告作者提出，要实现与政府机构一起进行真正的“共同决策”。

巴盖—迈时玛什报告在议会引发了大量关于改革城市政策的法案（被称为拉米法令）的讨论，该法令在 2014 年 2 月终获通过。但是立法者并没有采纳报告中对与参与的提议，而仅仅规定了一项措施：按照城市政策，在 1300 个重点帮扶街区中都必须设立“公民议事会”。议员们抛开了巴盖—迈时玛什报告中的核心概念，也就是“共同决策”，而倾向于使用“共同建设”城市政策这样一个更模糊的说法。拉米法令正式认定了城市政策必须有公民参与，但是只能通过强制性机制，即公民议事会实现，这一事实表明法国公民社会的开放完全不是自然而成。此外，巴盖—迈时玛什报告提议的并不是建立公民议事会，而是在蒙特利尔市经验启发下的“街区圆桌”，在这座加拿大城市中，公民和协会组织能够享有真正的活动组织和质询政府机构的自由。

公民议事会则延续了法国市镇30年多来实施的参与式民主的制度机制。在这种情况下，地方行政长官在议会中占据了很多席位，他们希望强调参与进程的控制权仍然在他们手中。因为公民议事会实施情况是由地方上的合作机关（主要是市政府和国家）进行监督的。由于这些机构认为拉米法令只不过提出了议事会构成的原则，这是可以接受的，于是它们拥有了更大的权力来选择参与的方式。按照该原则，议事会由两个团体组成：第一个是按男女数量均等抽签产生的居民代表团；第二个是由协会代表和实地工作的专业人士组成的团体。

公民议事会作为权力上层赋予下层的参与制度，往往令人想起另一个机构：街区议事会（见上文）。在某些方面，公民议事会相比街区会有所革新：例如市镇议员不能理所当然地成为公民议事会成员，也就不能制定议事日程；出席公民议事会的居民由抽签决定，以便使参与居民的身份多样化；议事会成员以及其他积极参与者将接受培训；公民议事会的代表会被邀请参与到城市政策治理中，虽然这种参与的形式在法规文献中并没有明确说明。

10　公民议事会的意义和局限：以波尔多为例

拉米法案投票通过三年后，1300个公民议事会中有效实施运作的几乎才一半（但按理应该是必须实施的）。至于这些议事会中居民的积极性、公民议事会相对市政府的独立性，以及对于公民议事会未来角色的不确定性，从全国范围内进行的初步总结来看，结果令人喜忧参半。[①] 和大部分法国大城市一样，波尔多已经发展起许多参与式民主机制，这个城市的案例体现了这种参与式民主新工具取得的进展和受到的局限。

在波尔多，城市政策锁定了六个“重点”街区。为了在这六个街区推行公民议事会，波尔多市做出了一个勇敢的抉择：将居民和协会组织联系在一起，这些协会将来很可能成为这些新型参与机构的成员。波尔多的城市社会发展处（负责城市政策的机构）深刻感受到公民参与的必要性，产生了创建“预备工作小组”的想法，这一小组由受该处邀请的居民和协会人员组成，还有一位来自中央政府的代表和一位社会学家（本文作者）参与其中。

---

① 可以参考公民议事会国家跟踪委员会的研究：http：//www. cget. gouv. fr/dossiers/conseils-citoyens-boite-outils

参与方面的专业技术人员起到了推动性作用，这一点成为很多城市的特色，在这些城市中，这些专业人士为参与在城市政策中遇到的障碍而叹息，但是他们又必须负责实施城市政策。根据垂直管理的逻辑，这些专业人士常常被行政、财务工作或是和其他公共政策之间的协调工作缠身。他们强调了高度制度化的协会工作安排的影响，在他们看来，协会的员工和最活跃的志愿者似乎并不能反映出地方民众的多样性。协会的资金补贴每年都会重新确定，因而在支持那些也许不够职业化但却具有革新活力的协会方面，操作余地就要小得多了。

然而，波尔多和其他城市一样，在发现和促成政府对居民提出项目的认可方面，专业人士并非完全没有操作余地。这一点可以通过“共享花园”的实施表现出来，这是现在很多城市中都很流行的一种机制。这些花园一方面有利于美化街区环境，同时也能增进不同背景的居民之间的社会联系。然而，在参与的政治框架已经被确定的情况下，专业人士在对待给予居民倡议行动的自主权这个问题上，还是比较谨慎的。波尔多的专业人士完全同意“行动权”和“社群”逻辑，包括这个词蕴含的民族含义，但他们真正的操作空间还是被议员的权威限制，就像公民议事会实施情况表明的那样。

11 议员和市政部门的抗拒

波尔多设立公民议事会的试验在法国相当独特，它让居民和协会得以在公民议事会创立之前表达他们的期待并勾勒这种参与工具的轮廓。这个小组已经在市政厅召开了四次会议，其组成的居民不管是从年龄、社会出身还是文化角度来看都相当多样化。两名戴着伊斯兰头巾的女性参与了小组的工作，尽管她们在法国是被隔离的重点对象。

从 2015 年底到 2016 年初，总共有 29 名志愿参加的居民和协会参与者一起工作，起草了一份名为《波尔多公民议事会预备工作》的文件①。几个月来，在波多尔市政策团队技术人员的支持下，居民和协会证明他们有能力对这个机制的方方面面发声，包括最有技术性的方面。他们展示出从普遍利益而不是从个人或者地方利益出发思考问题的能力。

与巴盖—迈时玛什报告一脉相承，小组的成员尤其提倡与市政府和其他有关机构“共同决策”，制定城市政策的各种方针。这一提议显然与提供信息、咨询和商议的逻辑形成了决裂，

---

① 在笔者提议下，这六个重点帮扶街区组织其他的居民和协会一起召开了会议，目的是丰富预备工作小组的提案。

后面这种逻辑通常确定制度化参与的边界，不管是在波尔多还是在别处。居民们在第一次会议上就直言：如果只是复制现有的协商机构，有什么必要再多加一个呢？在他们看来，公民议事会只有能够让居民们真正参与决策才是创新的，才能动员人们参与。在更大范围内，在全国层面上，许多迹象显示出，平民街区中被动员起来的少数居民不再接受“传统的”参与方式，也就是机构咨询居民，然后自认为可以自由考虑所表达的言论，没有机制对它们的相机抉择做出解释。对纯粹磋商程序的否定反映出对于后殖民类型的关系的极其敏感，而这种关系仍然常常是机构与街区人民之间关系的特征。

但是，由于意识到这种“民主革命”可能会引发议员们的抵抗，波尔多居民团体特别注意提到了议员得到选民授权而具备的合法性，同时指出这种合法性并不是排他的。居民团体撰写的文件指出：“承认与政府合法性形成互补的公民议事会合法性，是能够重塑民众对政府机构信任的关键。”该文件还明确指出，共同决策必须本着“负责和共识的精神”进行。

尽管有这些预防措施，文件提交议员和城市各个部门后还是引起了几个月的骚动。对于波尔多市的市长和负责城市革新项目的市政专家们而言，共同决策的原则推翻了一种迄今为止以各个机构参与者的小圈子作为基础的管理方式。对于市议员，特别是街区负责人而言，选择公民议事会成员的方式引发了诸多忧虑。当街区负责人得知他们对于公民议事会成员的招募没有发言权时，他们变得紧张起来。说穿了，他们害怕失去自己的权力，再不能够将“亲信”放到公民议事会里。

预备工作小组提议，每一公民议事会的30名成员（任期两年），由三分之二的居民和三分之一的地方参与者（特别是协会）组成。熟悉公共行动机制的协会应该支援居民们。小组同样主张，这些议事会要体现各个街区在年龄、社会职业身份和种族方面的多样性。为了做到这一点，建议通过动员预备工作小组成员的个人网络还有机构合作伙伴（廉租房出租人、学校……）的网络来招募未来的公民议事会成员，呼吁挨家挨户上门，发放翻译成多种语言的传单，或者组织引起公众关注的事件，目的是鼓励志愿参与。只有在志愿者的名单超过了席位数量或者志愿者们不足以代表街区的情况下才抽签决定。

市议员们无视这些建议，强制要求从选举名单中抽签选出20位居民中的一半，没有事先调动关系网，并存在将参选名单上没有的外籍居民排除在外的风险。作为一个旨在启发议员和各市级部门决策的磋商机构，预备工作小组在议员的要求下被解散了。然后，它的某些成员以志愿者的身份加入了公民议事会，但这些机构大多很难达到预定的30人门槛。专业部门跟议员们都放心了，虽然是以更加间接的方式：几名公民议事会成员参与城市政策指导机构的确是新鲜事物，但这些人进入指导委员会更多是了解情况而不是共同决策。技术统治论的言论继续在这些机构中占上风，而公民议事会成员在机构中是极少数派，因为他们只占据了几个席位。

城市社会发展处致力于实施预备工作小组的其他建议，特别是与公民议事会内部运行有关的。但他们失去了预备工作小组的信任，而预备工作小组按照市议员的要求不再以正式形式存在。预备工作小组的某些成员以志愿者身份加入了公民议事会，但这是个人行为。市政团队极难为每个公民议事会凑齐预定的30人，因为还需要遵守男女平等和至少有两名25岁以下人士的原则。城市社会发展处依然确信，公民议事会是建立一种与居民们的新型关系的机会。但这个立场是相对孤立的：议员们和其他市公务员表现出的抗拒证明，他们并不打算重新考虑自己行使权力的方式。

12 结论

并不一定要将公民议事会这种参与式民主的新形式看作是骗人的把戏或者是操纵。这种公民参与的制度化形式有可能打开新的“共同构建”的空间，从而让公民们对公共决策造成影响（当然是有分寸的）。长期来看，议员们能够从中得到一个好处：更符合公民期待的决策也许会提高他们再次当选议员的概率。公民们参与一项公共政策的制定也是一个机会，能让公民了解机构的局限，试图将他们的要求拉到“合理的”水平，从而减少之后的失落感……降低选举失利的风险。

但是拉米法的文本和精神均不承认平民街区居民们为自治按照他们定义的模式自发组织的权利。波尔多的例子揭示了议员们对参与的定位：如果说一开始他们信任城市政策技术人员们来实施一项独特的试验，那么之后他们只考虑了居民们的建议中并不让他们反感的那部分。

为了脱离这种定位，为巴盖—迈时玛什报告工作做过贡献的那些协会在全国范围内成立了一个协作组织，叫作“不可没有我们”。与公民议事会同时，它选择在12个地点实验“街区圆桌”（见上文）。对于城市中遭受种族隔离的少数民族，街区构成了一个有潜力的空间，可以组织起来，尝试改变造成结构性不平等的公共政策的方向。[①] 如果说这种集体动员的目的是社会转变和摆脱束缚[②]，它们像这些“街区圆桌”一样也有无法影响公共决策的风险。在法国，城市少数人群参与民主的道路是处在过于压抑的制度框架与没有政府认可的自组团体之间的一条狭窄道路。

---

① 于连·塔尔班：《社群组织——美国从动乱到民众阶层的结盟》，行动理由出版社（Julien Talpin, *Community Organizing. De l'émeute à l'alliance des catégories populaires aux Etats-Unis*, Paris, Raisons d'agir, 2016）。

② 玛丽-艾琳娜·巴克、卡罗·比委内：《赋权：一种解放性实践》，发现出版社（Marie-Hélène Bacqué, Carole Biewener, *L'empowerment*, *une pratique émancipatrice*, Paris, La Découverte, 2013）。

参与的指令或赋权？参与的重大问题

马里昂·卡雷尔

国家事务的治理是民主的吗？它有必要民主化吗？地方分权、欧洲建设、经济全球化和公共行动的合同化使得决策的过程更加复杂；普选出的议员是否别无选择，只能召集一些最优秀的技术人员也就是“公共政策的隐形领航员”[①] 到自己身边？协商和公民参与方面的规定一项接一项出台，尤其是在社会行

① 多米尼克·洛兰：《公共政策的隐形领航员——政治的紊乱?》，收录于皮耶·拉古姆、帕特里克·勒加莱斯（主编）：《用工具来统治》，政治学国家基金会出版社［Dominique Lorrain, *Les pilotes invisibles de l'action publique. Le désarroi du politique*?, in Pierre Lascoumes, Patrick Le Galès (dir.), *Gouverner par les instruments*, Paris, Presses de la Fondation nationale des Sciences politiques, 2004, 163-197］。

动方面，这些条例在某些人眼中可能会显得不合时宜。然而其他人也正是以公共行动的复杂性作为论据，主张糅合民主方面的技术和社会知识[①]。

为了在有关公民参与的论争和做法中理清头绪，本文建议回到支持治理民主化的主要论据上来，然后再分析除了用话语表达意图之外实施民主时遇到的困难。最后从研究人员、实践者和公民的工作成果中，提取一系列支撑点或者警戒点呈现出来，同时格外关注离公共言论和行动距离最远的那些人的问题。

1 支持治理民主化的论据

期望治理民主化，同时权衡其风险或者陷阱，这样做的原因是广为人知的[②]。其中之一就是“权威成为不可能的手段”：在我们的社会中，决策的合法性更多地取决于其拟定和商讨的方式而非决策者的感召力。还有一个论据就是决策的质量。因为当公共政策要通过与其使用者进行磋商（从公开交换意见的意义来说）来制定时，人们会期待这些公共政策能产生更高的

① 米歇尔·卡隆、皮耶·拉斯古姆和雅尼克·巴斯：《动荡世界中行动是民主的尝试》，瑟伊出版社（Michel Callon，Pierre Lascoumes，Yannick Barthe，*Agir dans un monde incertain*，*essai sur la démocratie technique*，Paris，Seuil，2001）。

② 罗伊克·布隆迪欧：《民主的新精神》，瑟伊出版社（Loïc Blondiaux，*Le nouvel esprit de la démocratie*，Paris，Seuil，2008）。

效率，公共政策的使用者对政策的认识更为细致，就像诸多领域的研究表明的一样，例如医疗卫生[①]和城市规划[②]领域。在社会政策方面，处于极度贫困状态的人们的知识虽然不被了解，但也能启发我们对于制度性功能失调的理解。[③] 一般而言，人们还在期待一些参与的机制，能提高行政行为的透明度、信息流通程度和对使用者权益的尊重。

另一组支持治理民主化的理由与个人和团体的解放有关。公民的参与因而被看作一种“民主的学校”[④]，在这个学校里，个人可以学着就大众利益和公共事务进行理性辩论。北美人把它称之为“赋权”，赋权是指的是穷人、移民和其他“无声者”自发组织成一股政治力量的过程，它也可以指代以发展这些人

---

① 艾滋病检测呈阳性的人们通过他们的知识为医疗研究和医疗政策的进步做出了贡献，见珍妮·巴博:《运动中的病人——对抗艾滋病的医学和科学》，巴朗出版社（Janine Barbot, *Les malades en mouvements. La médecine et la science à l'épreuve du sida*, Paris, Balland, 2002）。

② 城市改造相关街区的居民拥有关于周围环境的有用知识，但在项目中一般会被忽视，见艾格尼丝·德布莱、艾洛伊斯·内（主编）:《公民知识和城市民主》，雷恩大学出版社（Agnès Deboulet et Héloïse Nez（dir.）, *Savoirs citoyens et démocratie urbaine*, Rennes, Presses universitaires de Rennes, 2013）。

③ 克劳德·费朗（主编）:《权力的交叉——在培训、研究、行动中交叉知识》，拉特利耶出版社/第四世界出版社［Claude Ferrand（dir.）, *Le croisement des pouvoirs. Croiser les savoirs en formation, recherche, action*, Paris, Éditions de l'Atelier / Éditions Quart Monde, 2008］。

④ 于连·塔尔潘:《民主的学校——普通公民（有时）如何在参与式预算机构中更有能力》，欧洲政治研究联合会出版社（Julien Talpin, *Schools of democracy. How ordinary citizens (sometimes) become more competent in participatory budgeting institutions*, Colchester, ECPR Press, 2011）。

发声和进行集体组织能力为目的的公共政策[①]。

最后一系列论据是关于共同生活问题的：选举中弃权、怀疑当选议员、某些街区中的暴力和政治裙带关系，这些都削弱了公共行动，但是从汉娜·阿伦特的理解来看[②]，参与式实践却有可能把暴力变成民主的冲突。民主冲突体现在不同公共场景中论据的对质，而暴力避免了公共辩论。因此，希望在于通过参与式民主开放能够创造出让社群隔离变成“公民社群主义”[③]和让那些远离公共话语权的人获得发言权与政治力量的公共空间，那么参与式民主最终就能帮助改变和更新代议制民主。

2 公民参与，要谨慎使用的实践

在实践中，当公民的参与仅仅是一个虚假承诺时，它可能在阻止民主危机方面雪上加霜。事实上，希望“人人参与”所

---

① 玛丽-艾琳娜·巴克、卡罗·比委内：《赋权：一种解放性实践》，发现出版社（Marie-Hélène Bacqué，Carole Biewener，*L'empowerment*，*une pratique émancipatrice*，Paris，La Découverte，2013）。

② 暴力与无能结合在一起，产生的效果是把孤立的个体变成“没有声音没有话语的”生物，见汉娜·阿伦特：《现代人的处境》，卡尔曼-李维出版社（Hannah Arendt，*Condition de l'homme moderne*，Paris，Calmann-Lévy，1983［1961］）。阿伦特呼吁让政治回归古希腊人使用的 polis 的意思，polis 指的是共同行动的人们的力量，他们不断地找到思考和发言的新时间和地点，以实现“齐心协力的行动”。

③ 米歇尔·柯柯雷夫、迪迪埃·拉佩罗尼：《重建城市——郊区的未来》，瑟伊出版社（Michel Kokoreff，Didier Lapeyronnie，*Refaire la cité. L'avenir des banlieues*，Paris，Seuil，2013）。

指的可以是许多彻底相反的目标，包括传播运作，鼓励社团活动，乃至公共政策制定方式的民主化。对它批评最多的人们揭露了其偏差：集中在传播和营销方面的参与的职业化，类似于人口治安学，或者还有参与式民主领域的专业研究者、咨询顾问和政府机构之间的勾结①。所有研究者一致认为，公民的参与在法国通常仅限于自上而下的情况告知或囿于就近问题的最低限度辩论②。必须指出，在这方面取得的众多立法上的进步，特别是在社会政策的领域③，无法彻底改变法国几个世纪以来植根于一种自上而下的、中央化和对中间机构不信任逻辑中的公共行动的运转④。

然而，公民们并不会上当。当决定已经做出而他们被要求参与时，他们完全可以意识到被欺骗。这种落空的承诺对民主

① 纪尧姆·古尔格（主编）：《制造民主——公共参与推进学与专业人士》，收录于《本子》（Guillaume Gourgues（dir.），*Produire la démocratie. Ingénieries et ingénieurs de l'offre publique de participation*，Quaderni，Vol. 79，2012）。

② 玛丽-艾琳娜·巴克、卡罗·比委内：见前注；雅克·东兹洛、雷诺·爱普斯坦：《民主和参与：城市翻新的例子》，收录于《精神》；马里昂·卡雷尔：《让居民参与？公民资格和平民街区中的行动权》，欧洲文化与政治社会学学报，收录于《问题中的政府》［Marie-Hélène Bacqué，Carole Biewener（2013），*op. cit.*；Jacques Donzelot，Renaud Epstein，*Démocratie et participation*：*l'exemple de la rénovation urbaine*，*Esprit*，Vol. 326，2006，5-34）；Marion Carrel，*Faire participer les habitants？Citoyenneté et pouvoir d'agir dans les quartiers populaires*，Lyon，ENS Éditions，2013］。

③ 与消除社会排外有关的 1998 年法律强调公民参与的重要性；2002 年法律要求社会机构和社会医疗机构的主管机构中必须有公民参与；关于积极就业团结收入的 2010 年法律使得公民参与在负责对受益人档案发表意见的机构中成为必要。

④ 马里昂·卡雷尔、诺爱蜜·乌阿德：《居民的参与：更新城市政治的三条道路》，战略分析中心（Marion Carrel，Noémie Houard，*La participation des habitants*：*trois pistes pour rénover la politique de la ville*，Paris，Centre d'analyse stratégique，note d'analyse，278，2012）。

是有害的，专业人士和当选者之间以及与民众之间误解和刻板印象的加深亦是如此[1]。因此参与预期的正面结果没有实现：参与的命令，这种将参与的全部责任归于公民的区分，事实上既无法增进机构的透明度，也无法提高公共政策的效率。另外，它阻止了解放进程，因为对公民资格的概念是狭窄的，去掉了权力、共同学习和集体行动这些方面。集体实践的胆怯与对参与各种概念的模糊认识在社会工作中尤其明显[2]。

以“积极就业团结收入”（RSA）为例。立法者在 2009 年 6 月 1 日推广“积极就业团结收入”的法律中，希望在省级多学科团队中有受益公众的代表（调节手段、保证受益人权利与义务的实施），并且省级融入政策的编制、跟踪和评估与受益公众结合。如果说，多学科团队中必须有积极就业团结收入受益者的代表这一点被认为是法国立法方面的一项进步，诸多研究表明，这种组织参与造成了问题。这种参与是个体化的（受益者自己来代表他的同类），仅仅涉及收入减少和暂停的单独案例，与融入政策的集体问题相脱离，不管在涉及的受益者数量还是

---

① 马里昂·卡雷尔：《让居民参与？公民资格和平民街区中的行动权》，里昂高等师范学校出版社（Marion Carrel, *Faire participer les habitants? Citoyenneté et pouvoir d'agir dans les quartiers populaires*, Lyon, ENS Éditions, 2013）。

② 马里昂·卡雷尔、苏珊·罗森伯格：《赋权和社会工作在法国是兼容的吗?》，收录于刊物《社会研究基金会》（Marion Carrel et Suzanne Rosenberg, *Empowerment et travail social sont-ils compatibles en France?*, FORS-Recherche sociale, Vol. 209, 2014, 25-35）。

在覆盖面方面，这种参与都是有限的[1]。

障碍还有很多。由于工薪阶层政治组织的发展缓慢和国家治理系统的复杂化，政府对于承认公民共同制造专业知识的合法性仍然犹豫不决[2]，而公民，特别是受危机影响最大的公民，很难组织起来，也很难在要求得到权利或者社会正义时被承认是集体参与者。最终公民参与的不同角色陷入了一个恶性循环：许多专业人士希望集体组织起来的公民去找他们，跟他们合作，但他们为公民缺乏一致性和技术能力而感到遗憾。至于居民团体，他们等待被尊重，被邀请参加会议，在决策的上游与他们

① 消除贫困和社会排外政策国家议事会，《改善穷困和受到社会排外的人们对公共政策制定、实施和评估的建议》，提交团结与社会融合部的报告（Conseil national des politiques de lutte contre la pauvreté et l'exclusion sociale, *Recommandations pour améliorer la participation des personnes en situation de pauvreté et d'exclusion à l'élaboration, à la mise en œuvre et à l'évaluation des politiques publiques*, rapport à la ministre des Solidarités et de la Cohésion sociale, 2011）；“为了尊严，大家行动起来，第四世界组织”，《对积极就业团结收入受益人参与多学科团队的研究》报告［ATD Quart Monde, *Recherche sur la participation des allocataires du Revenu de Solidarité Active (RSA) aux équipes pluridisciplinaires*, rapport, 2011］。

② 关于公众利益的专业知识的联合制造在既认可学术性和技术性知识的合法性，也认可外行或普通人的知识合法性的“混合论坛”内可以通过很多方式进行，参见米歇尔·卡隆、皮耶·拉斯古姆和雅尼克·巴斯：《在动荡世界中行动是民主的尝试》，斯耶出版社（Michel Callon, Pierre Lascoumes, Yannick Barthe, *Agir dans un monde incertain, essai sur la démocratie technique*, Paris, Seuil, 2001）。在社会行动领域的例子包括“相互鉴定小组”，它们组织对比穷人和专业人士关于社会行动的知识，参见马里昂·卡雷尔：《让居民参与？公民资格和平民街区中的行动权》，里昂高等师范学校出版社（Marion Carrel, *Faire participer les habitants? Citoyenneté et pouvoir d'agir dans les quartiers populaires*, Lyon, ENS Éditions, 2013）。

商议，而不是他们当中某个人的说法被当成“小驴子”[①]。换言之，每个人都在自己那边徒劳无功地等待民主鸿沟不再加深。

3 如何超越参与的指令？

那么参与就只是“雷声大雨点小”吗[②]？如果说政府能具有比组织信息向上送达和消除冲突的参与指令更胜一筹的手段，参与就不会虎头蛇尾。所以要改革，使得公民的参与一方面能改进社会政策，另一方面能激发个人解放运动的活力。这不仅仅是个方法问题，而是一场革命，目的是在法国保护集体利益，交流经验做法，把参与和代表结合在一起，促进贫苦人群的解放。[③]

一种双重运动应该同时展开。首先，按照参与式民主的逻辑，政府机构可以通过与公民的共同决策来获利，也就是与公

---

① 马里昂·卡雷尔：《让居民参与？公民资格和平民街区中的行动权》，里昂高等师范学校出版社（Marion Carrel, *Faire participer les habitants? Citoyenneté et pouvoir d'agir dans les quartiers populaires*, Lyon, ENS Éditions, 2013）。

② 罗伊克·布隆迪欧、让-米歇尔·弗尔尼欧：《公众参与民主的研究总结：雷声大雨点小？》，收录于《参与》（Loïc Blondiaux, Jean-Michel Fourniau *Un bilan des recherches sur la participation du public en démocratie: beaucoup de bruit pour rien?*, *Participations*, vol. 1（1），2011，10-35）。

③ 艾琳娜·巴拉扎尔：《民主中行动》，拉特利耶出版社（Hélène Balazard, *Agir en démocratie*, Editions de l'Atelier, 2015）。

民联合起来制定公共政策的战略导向，共同分配相关的财政资源。这样的模式很多，例如巴西的参与式预算模式、英国的“社区新政”模式和德国的“社会城市”模式。[①] 其次，个人尤其是那些最贫困、最远离公共话语权的人的“行动权”应该得到鼓励、重视和指导，使得个人能组成独立的、有话语权的、有力的集体。我们必须回到受到社群组织实践启发的社会发展的源头上来，这样才能鼓励发展集体行动，而集体行动的建设有一部分是在冲突中实现的。[②]

为了实现这样一种“回归赋权，将之视为社会改造的工具”[③]，法国有好几种工作途径。一些协会、大学研究人员、专业人士和议员汇集在一起，起草了大量倡议（消除贫困和社会

---

① 马里昂·卡雷尔、诺爱蜜·乌阿德：见前注［Marion Carrel，Noémie Houard（2012），*op. cit.*）］。

② 保拉·科萨尔、于连·塔尔潘：《城市斗争——阿尔玛车站区的参与和质询民主》，克罗康出版社；艾琳娜·巴拉扎尔、马里昂·卡雷尔 、西蒙·科坦-马克斯、伊夫·儒弗、于连·塔尔潘：《我的城市自行组织起来——平民街区内的社团组织和动员》，收录于《运动》；于连·塔尔潘：《民主的学校——普通公民（有时）如何在参与式预算机构中更有能力》，欧洲政治研究联合会出版社（Paula Cossart，Julien Talpin，*Lutte urbaine. Participation et démocratie d'interpellation à l'Alma - Gare*，Editions du Croquant，2015）；Hélène Balazard，Marion Carrel，Simon Cottin-Marx，Yves Jouffe，Julien Talpin，*Ma cité s'organise. Community organizing et mobilisations dans les quartiers populaires*，*Mouvements*，Vol. 85，2016；Julien Talpin，*Schools of democracy. How ordinary citizens（sometimes）become more competent in participatory budgeting institutions*，Colchester，ECPR Press，2011）。

③ 玛丽-艾琳娜·巴克、卡罗·比委内：见前注（Marie-Hélène Bacqué，Carole Biewener（2013），*op. cit.*）。

排外政策国家议事会，2011[①]；国家城市议事会，2011[②]；战略分析中心[③]和巴克-迈什马什委员会[④])。

我们就不再一一探讨这些倡议，而是挑选其中几项来分析。至于要采用的方法论，辩论的主持最好是交给一个中立的第三方，也就是接受过主持培训并且能够借助一些创造性手段来扩大民众参与面的专业人士和/或志愿者。一些简单的规则有可能促进民主的碰撞，比方说在没有进行事先说明的情况下不要使用缩略语或是过于技术的话语。消除贫困和社会排外政策国家议事会还要求，处在不稳定境况的人在参与时应该背靠一些团体或集体，这样才能避免参与者被孤立或感到吃力，此外也能

---

① 消除贫困和社会排外政策国家议事会：《改善穷困和受到社会排外的人们对公共政策制定、实施和评估的建议》，提交团结与社会融合部的报告（Conseil national des politiques de lutte contre la pauvreté et l'exclusion sociale，*Recommandations pour améliorer la participation des personnes en situation de pauvreté et d'exclusion à l'élaboration*，*à la mise en œuvre et à l'évaluation des politiques publiques*，rapport à la ministre des Solidarités et de la Cohésion sociale，2011）。

② 国家城市议事会：《2012 年 1 月 19 日国家城市议事会与地方民主和居民参与有关的意见》（Conseil national des villes，*Avis du Conseil national des villes du 19 janvier 2012 relatif à la démocratie locale et à la participation des habitants*，2011）。

③ 马里昂·卡雷尔、诺爱蜜·乌阿德：《居民的参与：更新城市政治的三条道路》，战略分析中心（Marion Carrel，Noémie Houard，*La participation des habitants*：*trois pistes pour rénover la politique de la ville*，Paris，Centre d'analyse stratégique，note d'analyse，278，2012）。

④ 玛丽-艾琳娜·巴克、穆罕默德·迈时玛什：《为了彻底改革城市政治，它的进行将不再没有我们的参与：工薪街区中的公民资格和行动权》，法国地方平等总局出版社（Marie-Hélène Bacqué，Mohamed Mechmache，*Pour une réforme radicale de la politique de la ville. Ça ne se fera plus sans nous. Citoyenneté et pouvoir d'agir dans les quartiers populaires*，rapport rendu au ministre de la ville le 8 juillet 2013，Editions CGET，2013）。

给反对或不同意见的表达提供一个有利环境[①]。2012年在消除贫困和社会排外政策国家议事会内部成立了第八个团体，它集合了一些处于贫困或不稳定境况的人们，而它的目标正是给予成员发言权，并让他们有可能得到投身消除贫穷事业的团体的支持[②]。

对于公民尤其最贫困公民行动权的发展，数个活动组织和专业组织以及研究人员[③]都提出要将生活社群（不管是区域性的、民族性的、宗教性的还是两代人之间的）认可为民主的动力因素和政府的合法谈判对象[④]。社群的发展在法国还只是萌芽阶段，它需要深入改造社会工作，因为大众教育采取的是集体教育和由下而上的方式，社会工作则与这样的方式大相径庭。质询民主处在代议制民主和政府启动的下行式参与式民主这一

---

① 消除贫困和社会排外政策国家议事会：《改善穷困和受到社会排外的人们对公共政策制定、实施和评估的建议》，提交团结与社会融合部的报告（Conseil national des politiques de lutte contre la pauvreté et l'exclusion sociale, *Recommandations pour améliorer la participation des personnes en situation de pauvreté et d'exclusion à l'élaboration*, *à la mise en œuvre et à l'évaluation des politiques publiques*, rapport à la ministre des Solidarités et de la Cohésion sociale, 2011）。

② 消除贫困和社会排外政策国家议事会：《2012年6月14日：在消除贫困和社会排外政策国家议事会中经历贫困或不稳定的人群》（Conseil national des politiques de lutte contre la pauvreté et l'exclusion sociale, 14 *juin* 2012: *Installation d'un collège de personnes en situation de pauvreté ou de précarité au sein du CNLE*, 15 juin 2012, http://www.cnle.gouv.fr/14-juin-2012-Installation-d-un）

③ "行动权"团体（http://pouvoirdagir.fr/）和包括"发展行动权"全国策略开发协会（http://andadpa.fr/）在内的其他团体都是这种情况。

④ 玛丽-艾琳娜·巴克、卡罗·比委内：见前注；米歇尔·柯柯雷夫、迪迪埃·拉佩罗尼：《重建城市——郊区的未来》，瑟伊出版社；托马斯．克茨班：《为什么法国抗拒赋权》，收录于《城市规划》[Marie-Hélène Bacqué, Carole Biewener (2013), *op. cit*; Michel Kokoreff, Didier Lapeyronnie, *Refaire la cité. L'avenir des banlieues*, Paris, Seuil, 2013; Thomas Kirszbaum, *Pourquoi la France résiste à l'empowerment*, *Urbanisme*, Vol. 380, 2011, p. 76]。

方，它也要得到支持和资助[①]。

至于教育方面，根据另一项倡议，我们不应该从培训居民开始，而是要从培训专业人士和议员开始，使专业人士和议员能习惯于倾听、上行做法、形成民主冲突和共同产生意见。为此，要有一些机制，来挑战有关社会问题的各种合法做法，在集体调查的框架内将个人观点、就近原则和集体利益结合起来，这些机制是值得推广的，就像“参与的工匠”这样的实践活动一样[②]。“为了尊严，大家行动起来，第四世界组织”的“知识与实践结合的共同培训”是其中一种经过了考验的形式[③]。

最后还有一系列倡议，当然是关于借鉴参与式民主的程序改革概念的。换言之，问题就在于赋予参与机构决策权，就像普瓦杜-夏朗特大区高中的参与式预算一样[④]。参与不应该是在决策链的末端进行的：“人们的参与应该是在公共政策的整个实施过程中展开，包括初始诊断、起草、实际实施、影响评估

---

① 2015年9月4-5日共识会议之后、由“不能没有我们”全国协调小组组织提出的意见提议创立一个“公民民主创议基金会”，并每年拨给它维持代议制民主运行的公款总额的5%：http：//www. passansnous. org/。

② 马里昂·卡雷尔：见前注（Marion Carrel（2013），*op. cit.*）。

③ 克劳德·费朗（主编）：见前注（Claude Ferrand（dir.）（2008），*op. cit.*）。

④ 伊芙·辛托默、于连·塔尔潘（主编）：《地区层面的参与式民主》，雷恩大学出版社（Yves Sintomer，Julien Talpin（dir.），*La démocratie participative à l'échelle régionale*，Rennes，Presses universitaires de Rennes，2011）。

等”，这是消除贫困和社会排外政策国家议事会提出的[①]。此外，包括公民、专业人士和议员在内的混合机构制定的政治导向应该在公共决策的各个层面进行效果跟踪。由此产生的预算就必须加以拨发：参与如果没有配备相应的资金手段，就会被简化为对政府不介入公共服务的一种治标不治本的办法。国外这种参与过程的例子[②]，不管在公共政策的效率方面，还是弱势人群的社会解放方面，都具有决定性意义，应该能够促使法国政府迈出脚步。

治理民主化是一个双重挑战。首先是参与的挑战：政府机构的运行应该有所变化，以推进公共政策起草的上行模式的发展，在我们的组织运作中重新引入直接民主的程序[③]。第二个挑战是磋商：这意味着要将个体的私人言论与集体的公共言论结合起来，居民在传统的讨论空间里往往难以表达自己的意见，

---

① 消除贫困和社会排外政策国家议事会：《改善穷困和受到社会排外的人们对公共政策制定、实施和评估的建议》，提交团结与社会融合部的报告（*Conseil national des politiques de lutte contre la pauvreté et l'exclusion sociale*，*Recommandations pour améliorer la participation des personnes en situation de pauvreté et d'exclusion à l'élaboration*，*à la mise en œuvre et à l'évaluation des politiques publiques*，rapport à la ministre des Solidarités et de la Cohésion sociale，2011）。

② 马里昂·卡雷尔、诺爱蜜·乌阿德：见前注；玛丽-艾琳娜·巴克、穆罕默德·迈时玛什：《为了彻底改革城市政治，它的进行将不再没有我们的参与：工薪街区中的公民资格和行动权》，法国地方平等总局出版社（Marion Carrel，Noémie Houard，*op. cit.*；Marie-Hélène Bacqué，Mohamed Mechmache，*Pour une réforme radicale de la politique de la ville. Ça ne se fera plus sans nous. Citoyenneté et pouvoir d'agir dans les quartiers populaires*，rapport rendu au ministre de la ville le 8 juillet 2013，Editions CGET，2013）。

③ 伊芙·辛托默：《人民的权力——公民陪审团、抽签和参与式民主》，发现出版社（Yves Sintomer，*Le pouvoir au peuple. Jurys citoyens*，*tirage au sort et démocratie participative*，Paris，La Découverte，2007）。

因为那些地方期待的是他们一上来就讨论关于集体利益的内容。与此相反，从充实磋商过程的角度来说，他们在私人、个人或社群方面的言辞才应该被视为最主要的。[①]

虽然可以提出一些倡议，但不存在万能的方法。另外，同样的参与程序在民众和行政机构中有可能产生完全不同的效应，这取决于在场的利益相关者、他们的政治意愿或者是工作的主题。程序全能的这种相对化带来的结果就是要采用参与做法的多元观点，参与形式多种多样，互为补充[②]。同样需要思考的，是制度机构和集体行动之间的互补性。没有制衡权力，没有集体行动，政府机构组织的赋权很可能被简化成另一个参与的指令。

一般来说，介入和动员形式在当代发生的演变的主要特点就是对“以另一种方法做政治”的关注，再加上对垂直委托代表模式的放弃和对协商的要求，这些也许都会逐渐渗入未来的治理模式当中[③]。

---

① 雅内·曼斯布里日、詹姆斯·柏曼、西蒙·尚博、大卫·艾斯兰、安德鲁·芙兰达、艾尔空·冯、克里斯蒂娜·拉封、贝尔纳·马楠、罗斯·路易马丁：《谨慎民主中自我兴趣和权利扮演的角色》，收录于《政治理性》（Jane Mansbridge，James Bohman，Simone Chambers，David Estlund，Andreas Føllesdal，Archon Fung，Cristina Lafont，Bernard Manin，José Luis Martí，*La place de l'intérêt particulier et le rôle du pouvoir dans la démocratie délibérative*，*Raisons politiques*，Vol. 42，2011，47-82）。

② 罗伊克·布隆迪欧、让-米歇尔·弗尔尼欧：见前注（Loïc Blondiaux，Jean-Michel Fourniau（2011），*art. cit.*。

③ 阿尔贝·奥吉安、桑德拉·洛吉耶：《民主原则——对政治新形式的调查》，发现出版社；艾洛伊斯·内：《我们可以：从愤怒到选举》，清晨出版社（Albert Ogien，Sandra Laugier，*Le principe démocratie. Enquête sur les nouvelles formes du politique*，Paris，La Découverte，2014；Héloïse Nez，*Podemos*，*de l'indignation aux élections*，Editions Les petits matins，2015）。

九

政治化与公开化：工薪街区中集体协商的脆弱影响

马里昂·卡雷尔

1　引言

社会保障性住房领域所涉及的人群一般（或被迫）处于政治参与的边缘地带：他们或是承受着移民之殇，或是面临着社会职业危机，或是一定程度上对公共利益漠不关心，甚至不认同国民价值观。在这种情况下，协商民主对于公民及其共和制的国家来说有什么好处呢？民主政治理论认为，通过提升个人的集体归属感和政治参与感，协商民主能帮助塑造出“更好的公民”，从而提升公共决策的质量及其合法性[①]；这样的参与和协商可以巩固社会政治赋权，并催生更为有效的公共行动[②]。然而，一些研究者认为，一旦民主参与不得不服从于一种非常单边且自上而下的指令和要求，实际上就相当于剥夺了这些个体作为公民去参与讨论相关制度和机制的权利，尽管这样做可以合理地削减公共财政开支。[③]

通过研究社会边缘群体民主协商的演变进程，我们可以走出以上“非黑即白”的二元论困境。它向我们展示了公共领域中对于城市、社会和经济问题的讨论机制，同时，它还告诉我们居民们的过往经历和态度：对于那些与他们直接相关的公共政策，他们更倾向于同意参与还是拒绝聆听相关的阐释和评价。

这样拓宽视野的调查可以帮助我们探究公民权力的广度与深度。当我们用人类学的方法研究不同地位、有不同群体行为

---

① 于连·塔尔潘：《民主的学校——普通公民（有时）如何在参与式预算机构中更有能力》，欧洲政治研究联合会出版社（Julien Talpin, *Schools of democracy. How ordinary citizens (sometimes) become more competent in participatory budgeting institutions*, Colchester, ECPR Press, 2011）。

② 艾尔空·冯：《授权参与：再现城市民主》，普林斯顿大学出版社，2004（Archon Fung, *Empowered participation: Reinventing urban democracy*, Princeton, Princeton University Press, 2004）。

③ 妮娜·艾利亚索夫：为了证明行动和资金的合理性，个人的问题或困难会在本人在场时公开展示，在这种情况下，“赋权语言”反而增强了耻辱。布里格斯同样警示过：“在某些情况下，对于政府和市场来说，公民或社区行动已经成为替代品或减震器，例如降低收入的不平等性或保障工人与环境。”

的人群时，我们探讨了公民权的关系维度和地缘维度[①]。同样，对于政治公开化的程序进行范式学习，也可以帮助我们更好地理解公民权力。换句话说，面向集体的调查能够让大众积极参与到民主生活中，让民众的意见走进我们的视野，让相关的问题暴露在公共舞台之上。当普通的边缘化群众同政治家、记者和公共当局一起处于政治公开化的进程中时，会发生什么呢？

这里我们要关注四个主要问题。首先，集体协商和贫困问题与公民权力中的冲突和争议有着紧密联系。朗西埃认为，在涉及制度领域的共识决策中，穷人中几乎没有任何权力，只有在产生冲突的时候，他们才会经历员工赋权。这时他们表现出的“不乐意”（异议）才会进入公共视野。那么，当推崇民主参与的积极分子尝试着在民主协商中发起和维持冲突的时候，我们是否面对着一种新的反向权力形式？其次，我们要反思小群体的集体协商和公共领域中民主的联系。关于集体协商的研究通常仅局限在小群体中，因此有人认为这样做实质上是放弃了对大众广泛民主的思考[②]。我们需要反思的是：在没有促进民主参与的积极人士在场的情况下，赋权和公开化在小群体中是

① 约翰·克拉克、凯特琳·可儿、伊芙琳·达妮诺和凯特琳娜·纳诺：《公民权力之争》，布里斯托尔政治出版社（John Clarke，Kathleen Coll，Evelina Dagnino，Catherine Neveu，*Disputing citizenship*，Bristol，Policy Press，2013）。

② 西蒙·尚博：《修辞与公共领域：民主协商会淘汰大众民主吗？》，收录于《政治理论》［Simone Chambers，*Rhetoric and the public sphere*：*Has deliberative democracy abandoned mass democracy*？*Political Theory*，Vol. 37（3），2009，323-350］。

否仍可以有良好的进展？换句话说，穷人经历的小规模政治化进程是一时的还是可持续的？第三个问题涉及协商、参与和代表之间的关系①。民主团体的代表们很容易和其所代表的团体成员在语言表达上产生断层和隔阂，对比之下，当地居民就显得更加真诚，因此，集体的声音可能会被忽略。政治化的程序旨在激发民众对共和制的兴趣，而集体协商能否在此过程中充当有效的媒介呢？它能否为更广阔层次上的政治活动提供有效的空间呢？最后的问题围绕知识与权力，以及语言在赋权程序中的角色而展开。知识是权力的一种形式，一个人的社会地位决定了他能否理解官方机构符合规范的正规语言。那些不能使用这门语言的人们通常拒绝自我表达，或以一种笨拙、暴力的形式自我表达——无论如何他们的心声不会传达到机构。那么，集体协商是否能保证这些机构倾听并理解这些处于社会下层的公民，从而使他们得到权力呢？

从方法学角度来说，我们面临的挑战不仅在于观察和分析集体协商的影响，还在于将有关现实的描述和理论结合起来，以便理解集体协商在经验和规范上的复杂性。政治民族志为我们开拓了一系列富有成效的研究途径。通过政治民族志，我们可以监控公共问题的产生，并在特定的互动情景中观察不同体

① 伊芙·辛特马：《磋商与参与：选择性亲缘关系还是压力思想?》，收录于《参与》[Yves Sintomer, *Délibération et participation: affinités électives ou concepts en tension?*, *Participations*, Vol. 1 (1), 2011, 239-276]。

制下的交流方式和行动方式。同时，我们的结构数据也会得到丰富。这些避免我们走向两个极端：一个极端是对经验主义的重度依赖，即仅满足于特定的案例而错失下结论的机会；另一个极端是将所有事情规范化，即一味地通过观察来定义“什么是好的集体协商”①。伯杰的民族志是将两者结合起来的范例：他描述了布鲁塞尔举行的参与性集会，为“公民发言”的失败案例作了类型学的总结；与此同时，他分析了普通公民在公共集会中可能产生的“内部反抗”问题。②

我们引入了一系列程序方法，试图鼓励工薪阶层掌握一些与自身利益相关的具有批判性的表达方式，然后进行深入分析，本文也展示了相关程序方法的演变过程。目前在法国存在着不同性质的集体协商实践，在这种情况下，在职业领域和政治活动之间起中介作用的团体就扮演了重要角色。自20世纪70年代以来，他们的活动旨在帮助参加者阐明他们自己的观点，向我们展示了启发性的协商活动的概况。这样的协商通常发生在工薪阶层的小团体中（当地居民和职员，比如老师、社工、警察

---

① 马里昂·巴尔、简奈·纽曼、海文·萨利文：《反映了制定协商流程社会学分析的需求，挑战协商的理想主义以及尝试建立调查方法与规范方法之间的联系》，布里斯托尔政治出版社（Marian Barnes，Janet Newman，Helen Sullivan，*Power，participation and political renewal：Case studies in public participation*，Bristol，Policy Press，2007）。

② 马蒂欧·伯杰：《共存的政治：生态的方式抵制自上而下的公民参与?》，收录于《欧洲文化政治社会学杂志》［Mathieu Berger，*The politics of copresence：An ecological approach to resistance in topdown participation?*，*European Journal of Cultural and Political Sociology*，2（1），2015，1-22］。

等）。由于法国的民主扎根在一个中央化的代表制体系中，参与性的程序会更多地关注合作与协商，而不是真正地分割决定权。但是，这些实验（根据杜威的理解，实验指探究“国家可以或应该是什么样子”的各种活动①）的目的是鼓励政府雇员和公民通过实验印证当下的社会和政治现实，并且确保少数群体更大程度上自主掌控自己的生活和环境。简而言之，实验鼓励居民在当地展开真正的对话。因此我们希望这些实验能够对当权者的决策产生影响。但是，在实践中，这套理论怎样、在何种程度上可行呢？在实施集体协商程序的过程中，会有哪些棘手和不明确的情况呢？

为了回答这些问题，在一年的时间周期内，我对一个赋权工作坊②的政治主张进行了微观的分析。首先，我们安排当地居民和专业工作者一起参加了共计 12 天的工作坊活动，并鼓励他们为改善公共服务提出建议。这一活动由苏珊·罗森伯格主持，

---

① 约翰·杜威：国家的形成必须是一个实验过程……不是由哲学和政治科学来决定国家大体可以或应该怎样。它们可以做的只是帮助制定一些方法，使实验过程可以不那么盲目地进行，通过相对不那么容易发生事故的机制，并且更明智地，以人类从错误中学习并从成功中获益的方式，《公开及其问题》，纽约亨利浩特公司（John Dewey，*The public and its problems*，New York，Henry Holt & Company，1927）。

② 参与方法的法语名称是“资格互补”，指的是居民和专业人士之间的共同学习，可以称为“共同学习研讨会”或“授权研讨会”。

她曾是一名社会发展工作者[①]。在克拉莫尔[②]的案例中，社会保障性住房的申请者与公共住房机构的员工进行面对面交流。活动开始前，我们做了一些准备工作：尝试为被边缘化的居民争取经济补偿，说服机构代表在小组讨论前后组织公共辩论。在准备12天的活动期间（时间跨度6个月），我使用观察法并限制自己的亲身参与（我负责会议记录）。为了研究活动的影响，我在6个月后回来继续观察了居民会议过程，并且采访了住房协会的成员、当地负责保障性住房的当权者和讨论组中的13位参加者（6位居民，7位专业工作者）。

这个案例所采用的方法是我所观察到的6种“参与-建设”的方法之一。[③] 在法国，这6种方法在专业的参与领域中都不常见，它们的目的是为了让民主对峙和社会公平取代暴力行为，同时对机构的合法性提出质疑。克拉莫尔的赋权工作坊讨论了住房补助金的管理问题，它很具有代表性：同我观察到的类似

① 参见苏珊·罗森伯格和马里昂·卡雷尔：对于20世纪70年代以来参与的“专家-活跃分子”的职业生涯分析，《面对危险，缓和公共领域机构与客户的冲突》，发现出版社（Suzanne Rosenberg，Marion Carrel，*Face à l'insécurité sociale. Désamorcer les conflits entre usagers et agents des services publics*，Paris，La Découverte，2002）。

② 化名，一些申请人使用的也是化名。

③ 马里昂·卡雷尔：本文介绍了我的社会学博士论文中一些成果。研究中，专家-行动主义者分为六个小组，在工人阶级地区实验参与式民主。在此，仅对“Qualification mutuelle”进行分析，因为它就政治化和公开化进程有更多的经验材料。

的工作坊案例相比，它对公开化和决策有着更大的影响。[①] 我们还从生态学的角度研究公民权力，除协商进程之外，我们可以了解社会工作网、政治逻辑和工会的复杂性，也能了解不同的参与性机制背后的各种制度背景。[②] 本研究特别关注了一位年轻女士所取得的进步，她的名字是莉拉，是阿尔及利亚裔的法国公民，是一位社会保障性住房的申请者。关注个体经历，并结合现场的其他发现，可以在某种程度上起到引导的作用，以便我们看到其后更多的问题[③]。本文首先重点分析了集体协商行为对莉拉的影响，继而探讨了其对决策环节的影响（更加脆弱复杂）。

2　协商经历：从暴力到争论冲突

第一场集会在上午 9 点钟，大家都准时到场。有些人之前彼此认识，他们就在市政厅会议室里边喝咖啡边闲聊。罗森伯

---

① 马里昂·卡雷尔：《让居民参与？公民资格和平民街区中的行动权》，里昂高等师范学校出版社（Marion Carrel, *Faire participer les habitants? Citoyenneté et pouvoir d'agir dans les quartiers populaires*, Lyon, ENS Éditions, 2013）。

② 参见马里昂·卡雷尔、丹尼尔·赛法仪、于连·塔尔潘（主编）：《参与的人类学》，收录于《参与》［Marion Carrel, Daniel Cefaï, Julien Talpin（Ed.）, *Ethnographies de la participation*, *Participations*, Vol. 4（3）, 2012, 7-48］。虽然实用主义和民族志反对研究现成赋权方式的理念，在法国参与性经验的兴趣反映相当受限，尤其跟魁北克或美国的做法相比，表明有必要从民族志研究中获益。

③ 妮娜·艾利亚索夫：就一位生态学家活跃分子埃莱娜的案例举例：埃莱娜在私下讨论时，她的言谈比在记者或政治家面前的公开演讲更加赋有“公众性”。

格和她的同事（而非某位政府官员）举办了工作坊的活动，她们在第一场集会中首先花了些时间去了解小组的情况，并向大家解释了一位住房申请者缺席的原因（家庭问题）。我们总共有六位保障住房申请者，五位女士和一位男士，其中五人的名字以马格里布[①]的传统方式命名，而另一个人来自葡萄牙。另有七名专业工作者，其中四位来自公共住房机构，两位为市政厅工作，另一位是租户联盟的雇员。他们都是工作之余抽出时间担任活动的志愿者。在工作坊正式开始的前夜，我们举办了一个说明会，七位住房申请者（均为失业者）都志愿参加了我们的项目。他们直到第一次集会的早晨才知道罗森伯格为他们向市长争取到了经济补偿——价值相当于 12 天 SMIC（法国最低工资[②]）的票券。罗森伯格表示，这些居民为公共利益贡献了力量，愿意参加所有的集会，应该得到相应的经济报酬。[③]

在最初几天，我们以充足的时间来确保小组讨论按计划进行。首先，我们确定并讨论了小组研究的目的：目前法国保障性住房的申请程序繁杂，在组内申请者的亲身经历和相关法律条文的基础上，小组致力于整理出一份清晰的科普传单。接着

---

① 马格里布（Maghreb），北非地区。

② SMIC 最低工资保护协会依据的是法国法定最低时薪。

③ 苏珊·罗森伯格和马里昂·卡雷尔：我们对罗森堡工作的研究观察基于几种来源：对研讨会以及它的组织形式直接地观察，跟她本人非正式的初步交谈，阅读她的文章和报告，以及我们在“面对危险”时，对这种方法的共同发表，《面对危险，缓和公共领域机构与客户的冲突》，发现出版社（Suzanne Rosenberg，Marion Carrel，*Face à l'insécurité sociale. Désamorcer les conflits entre usagers et agents des services publics*，Paris，La Découverte，2002）。

罗森伯格向参与者提出了四条要求：按时参加、遵守保密协定、友好辩论（但不意味着避免冲突），最后一点是不能说粗话（专业人士不能随便使用技术性的专有名词和缩写，除非先做出解释说明。我们看到在讨论的最初阶段，遵守这条规定对他们来说是个很大的挑战）。最后一条要求给讨论过程增添了很多笑料，大家乐此不疲地指出对方语言中的粗话，或者提问打断发言人："等等，这是什么意思来着？"

然后我们进行了一些练习来活跃气氛、鼓励发言[①]。比如"交互介绍"活动：两人一组，一人是住房申请者，一人是专业人士。两人首先用一个半小时左右的时间相互交流，然后在小组面前，用"我认为"的第一人称介绍对方的观点。住房申请者需要总结从他们填表那天开始的申请经历，而专业人士需要解释他们的工作内容。这样的交互介绍在活动开始的前两天进行，误解、质疑、反对和尝试性的辩论时有发生。

慢慢地，每个参与者都开始直抒胸臆，表达他们感受到的不公正、无力和愤怒。保罗是负责保障性住房的官员，和莉拉一组，他给大家介绍了莉拉的观点，然而这次介绍最后成为莉拉自己发言的舞台。莉拉现年27岁，是阿尔及利亚裔的法国公民，目前失业，有一个年幼的儿子。她申请保障性住房已有两

① 欢聚确实是流程的一部分。这12天内，参与者不仅仅是辩论住房情况，还有蛮多的轻松时刻，"被压迫者剧场"游戏和咖啡小歇。午餐时间他们会聚集在食堂随意交流。

年，尽管没有给出任何详细的解释，她坚信自己的申请被马丹女士（住房申请服务的负责人）“扣押”住了。她描述了自己的隐忍和愤怒，表达了自己在住房申请的竞争中被无视的感觉：

> 我已经等了两年了！现在我和我的父母住在一起，带着我儿子，他现在已经两岁零九个月了……我父母条件并不好，他们的住房有三个卧室，我的大哥也住在那里……几个月以来每周我都尝试着打听消息。我给住房服务部门打电话：“我想和马丹女士谈话。”“不，这不可能。”所以我告诉自己说，好吧，他们押下了我的申请，他们把我忘了……最后我只能放弃，接受我的命，然后我告诉自己再也别给他们打电话了，我什么也不想做了……
>
> （莉拉第一天的小组发言）

在公众面前释放压抑的情绪，或者说是情感发泄[①]，可以减轻个人的痛苦，并且激发人们关于个人行为、权力、责任、法律和规范等方面的讨论，但是这需要时间，在我们第一天的活动中，不解的情绪占了上风，申请者和专业人士对峙起来，一

---

① 保罗·里科：这种宣泄让他们释放自己压抑的情绪，并让他们意识到自己和情绪不是一体的，感谢有第三方或者听众在场，旁人聆听并且能从客观的角度帮他们分析。例如，当租户跟房主中介对同一件事产生了激烈的分歧，分别以不同的方式看待和讲述这个故事，这是会发生的情况，通过听对方从自己的角度的陈述，他们逐渐地开始理解对方。宣泄的过程让我们学会控制情绪，客观对待、分析和理解；分歧可以瓦解暴力，《时代与记述，历史记述和情节》，瑟伊出版社（Paul Ricœur，*Temps et récit*，*Tome* 1. *L'intrigue et le récit historique*，Paris，Seuil，1983）。

些专业人士甚至认为莉拉不诚实，并为马丹女士的职业素养辩护。随着讨论的进行，争论变得激烈起来，一位专业人士开始指责所有在场的住房申请者："我觉得你们在这里只是为了你们自己的利益，为了你们自己的住房问题!"其他的专业人士则表示他们感觉自己"腹背受敌"，夹在他们的上级和住房申请者之间。莉拉和其他的住房申请者表示感到失望，因为这些专业人士拒绝相信他们的故事，认为他们激进、自私。在第一天的总结会上，一位准租客表达了他的失望："听完这一切后我的期望大大降低了，我再也不会抱有什么幻想了。"

我们在以后会看到，双方经过缓慢的交流说明，开始调查莉拉的档案。之后愤怒和不解消退，他们渐渐地了解了制度方面的缺陷和这个问题所牵涉的政治层面的问题。

(1) 赋权

通过观察，我们可以了解民主参与对参与者的一系列影响；从规范化的角度看，我们可以将这些影响定义为"积极影响"，即参与者不必再"保持沉默"（远离公共争端或激烈的言语冲突），而是批判性地表达意见，这是他们参与争论冲突的结果，这是怎样的过程呢？我们讨论过民主协商在小群体中的影响，那么民主参与对此又有什么贡献呢？

在这方面，贝尔纳·马楠的观点给我们以启发。对他而言，争论双方的观点应呈现在所有公民面前以便公民做出自己的判断，这是实现民主的关键。由此来看，小群体的集体协商意义不大，甚至应该取消，因为这种协商倾向于消除分歧、加深固有意见，也就是说会消除民主中的争论。马楠的论据之一是：社会不平等会影响公民对公共表达方式的理解。的确，带有批判性的公开表达需要表达技巧作为支持，即要脱离自我，开展大众都能理解的对话，这并非所有人都能办到。成员需要客观看待亲身经历，描述的时候既不能太宽泛，也不能过度关注私人层面。马楠认为，社会底层个体可能并不具有用专业术语表达反对意见的能力，因此想要提高小群体协商的质量，就要确保他们明确自己的观点及其依据，而不是简单地询问他们的意见。

然而，这样的解决方式有以下两个缺陷。首先，一些社会问题无法得到关注，比如保障性住房、求职机构的柜员遭遇到的“无端”暴力，这或许是因为有些问题难以理解，又或许归因于公共领域中缺少多方商讨的个别观点，比如带有偏见的文化暴力就属于一种个别观点：“住保障住房的人都很危险”，“失业的人并不想工作”。如果相当一部分的成员无法或是因为缺乏必要的语言能力而不能有效地表达自己的观点，那么我们就无法客观地分析复杂社会问题。换言之，面对公众的争议，我们可能会对弱势公民提出的异议视而不见，只有民主协商（还有罢工和暴乱）可以让我们重新听见这些声音。

其次，（对于全体社会成员来说）反对的声音可能并不足以激起人们对公众利益的兴趣。当自己的担忧和看法与社会公平、劳工组织等的社会问题相关时，人们才会对公共事务产生兴趣。协商活动可以促进这一过程，这时，个人兴趣和情感不再代表个人观点和偏见，而成为协商进程的一部分。①

将这些理论问题和实践结合起来，我们可以看到，在某些条件下，小群体的协商对于工薪阶层的民主参与者有以下两方面的影响：一是他们在当地的权力增加；二是群体开始政治化。

赋权工作坊提供了例证。六个月期间，就社会保障住房的分配问题，莉拉、马丹女士和小组其余成员交换了意见，对相关程序提出了质疑。工作坊开始前一天的第一场公共集会上，莉拉的反应很强硬，将近有 30 名住房申请者参加了集会，其中几位参加者对保障住房服务有极大的不满，他们控诉政治家和公务员，认为他们是说谎者和种族主义者：

> 他们相互推诿，仅是咨询或是确认我们的申请就要敲 15 道门，这根本不正常。关于我的档案，你们肯定在撒谎。我住在“集中房”里，想要换地区。一位

---

① 雅内·曼斯布里日、詹姆斯·柏曼、西蒙·尚博、大卫·艾斯兰、安德鲁·芙兰达、艾尔空·冯、克里斯蒂娜·拉封、贝尔纳·马楠、罗斯·路易马丁：《谨慎民主中自我兴趣和权利扮演的角色》，收录于《政治哲学杂志》［Jane Mansbridge, James Bohman, Simone Chambers, David Estlund, Andreas Føllesdal, Archon Fung, Cristina Lafont, Bernard Manin, José Luis Martí, *The place of self-interest and the role of power in deliberative democracy*, *Journal of Political Philosophy*, Vol. 18 (1), 2010, 64-100］。卡尔·柏浪义：《大转变，我们时代的政治经济根源》，珈利玛出版社（Karl Polanyi, *La grande transformation. Aux origines politiques et économiques de notre temps*, Paris, Gallimard, 1983［1944］）。

女士告诉我："好啊，可以的，把你的文件发给我。"但是当马丹女士回来后却说："不行，这不可能。"我就觉得你们认为我们都是傻瓜！

（莉拉在第一天公共集会上的发言）

莉拉认为她的申请被搁置了，公共集会是她表达愤怒的途径。关于保障性住房的房客和街区之间的关系，她的讲述是一种"自我应验的预言"。专业人士无法提供相关或相反的信息，因为程序本身是复杂且不透明的，因此，住房申请者不得不徘徊于忍耐和愤怒之中。

第二天莉拉在工作坊讲述她的故事的时候，猜疑和疑问接踵而至。为什么莉拉不就她的申请做进一步咨询呢？她正确地填她的申请表了吗？是不是公共住房机构扣押了申请？谁决定保障性住房的分配？分配是有指标的吗？为什么马丹女士不提供更多的信息？原来是莉拉的申请并不完整，但是她自己不知道，因为没有人提示她。第二天，我们讨论了这种沟通障碍产生的原因。一位专业人士解释说，在申请者没有得到通知的情况下，申请可以被判定为不完整。双方都认识到目前并没有纸质文件来解释程序流程和双方的权利义务，没有办公室专门负责，一旦填完表格，申请者就不能再预约见面了。如果申请者对申请进度有所担忧，他只能通过电话询问，回复通常是："如果您的申请合格，您将会收到一封信。"但是申请者并不知道自己的申请到底合不合格！参与者一致认为这样的现状会带来问题。专业人士认识到，在几个月的等待时间里，不知道是谁、怎么样、为什么做决定，对住房申请者来说是难以接受的。但是以前，讨论组里的管理人员并没有考虑到这些问题，现在，他们能理解接待处常发生过激行为的原因了。与莉拉和其他人的互动使这些专业人士更了解他们的感受，更重要的是，他们看到了机构处理不完善的一面。

接下来，小组扩大范围，审查了申请住房的所有程序。结果发现，地方部门仅负责收集住房申请，之后和地方顾问一起做初步筛选，而最后的结果实际上由公共住房机构来决定。这时住房申请者才逐渐意识到，马丹女士仅是漫长决策链中的一环。然后，根据公共住房机构和地方部门的代表所提供的信息，小组讨论了两个问题：社会性住房的紧缺，尤其是富裕地区住房紧缺，还有批准程序的不透明。比如，在第四天，两位政府代表过来解释了他们如何选定最需要保障性住房的人群，而这些具体的细节之前甚至连一些专业人士都不清楚。小组对社会性住房的紧缺有了进一步了解：总共有 12000 位申请者，每年仅有 2500 个名额，而最贫困的申请者几乎拿不到名额——前一年，政府项目仅分了 3 所公寓给最贫困的人群！紧接着，小组探讨了市长拒绝建造新的社会保障性住房的原因。居民现在了解到，即使有法律规定，在有些城市地区仍然没有或几乎没有保障性住房[①]。

工作坊活动接近尾声，在一次公共集会中，莉拉面对管理委员会，批评了分配机制的不透明和社会保障性住房的缺乏。在六个月的活动中，莉拉和其他参加者的想法从“在沉默里受苦”（“我是种族歧视的受害者”“他们就是不想给我住房”），转变为“我们有权力”（“作为社会保障性住房的申请者，我们有权向相关代表和行政官员寻求解释”）。比如，在小组活动的第八天，一家城市服务机构——栖息地，受邀派代表来回答问题。莉拉问道：“有些城市不尊重法律，它们的社会保障性住房占比不到20%，为什么不组织跨社区工作坊来寻找住房呢？这样可以帮助我们，让我们知道究竟是怎么一回事。”我们看到，在赋权工作坊的公共领域下，通过审视分歧和争议性情况，个人能获得认可和认同感，并且表达自己的真实经历[②]，从而走出冷漠和暴力的怪圈[③]。美国政治理论家安娜·皮特金认为，当公民以公正的角度来发言时，公共领域的讨论就展开了。他们的

---

① 在法国，“立法机构”和“民事诉讼法”于2000年12月13日为人口超过5万居民的城市提供20%社会住房的最低门槛，分在市区的社会住房居民超过3500人（其中1500名在法兰西岛）。跟2013年1月18日的法载数据相比，幅度提高了25%，然而一些城市宁愿缴纳罚款而不愿意修建社会住房。

② 里科强调了个人之间“相互认可”的重要性，从不对称迈向互惠关系转变中重要的一步。保罗·里科：《认知过程》三项研究，巴黎斯道客出版社（Paul Ricœur, *Parcours de la reconnaissance. Trois études*, Paris, Stock, 2004）。

③ 暴力跟无能结合往往会将原本孤立的民众变得更“无声和无语”。哈娜·奥兰特：《人类条件》，芝加哥大学出版社（Hannah Arendt, *The human condition*, Chicago, University of Chicago Press, 1958）。

言论从“我想要”过渡到“我们想要”，再变为“我有权利”或是“我们有权利”，也就是说，他们学会了法律认可的规定，学会了提出可以通过公共协商解决要求。对于无法以这种方式进行交流的个人，不管是项目的策划、意见的讨论还是要求的传达，这些集体活动都会把他们拒之门外。

这一转变体现了北美学者提出的“赋权”概念。这一概念首先在美国黑人解放运动中产生和发展，当涉及自我认知和自尊问题时，赋权就有了它的政治、社会和社会心理学含义。赋权是一个模糊的概念，它既可以指贫穷者、移民和其他“失声”群体自发地组织起来的过程，也指那些增强自我表达权力的公共政策。术语 capacitation（能力获得），是从拉丁美洲学术界借来的新生词汇[①]，它经常用来形容在国际舞台上的赋权，或者指推崇参与性民主的积极分子在工薪阶层所推广的赋权。这种翻译方式有一定的争议性，它忽略了政治权力和社会冲突的问题，暗示一种以“获取参与能力”为中心的民主，也就是说，公民身份的确立需要获取技巧，而这些技巧在社会的分布并不平等。[②] 最近在法国，行动者和学者更青睐另外一种表达方式：“参与能力的发展”（développement du pouvoir d'agir）。它更强调

---

① Capacitação.

② 玛丽-艾琳娜·巴克、卡罗·比委内：《赋权：一种解放性实践》，发现出版社（Marie-Hélène Bacqué, Carole Biewener, *L'empowerment, une pratique émancipatrice*, Paris, La Découverte, 2013）。

了权力的获得，而不是获得权力的学习过程。

但是这样的学习过程在我们的赋权工作坊中起到了关键作用。在争论的双方间，流言和传闻逐渐消失，辩论围绕以下几个方面展开：工作的意义，不同个体的行为，所研究主题在经济、社会和政治方面的影响等。参加者讨论了种族歧视问题，还有警察暴力执法的问题（因为当地居民拒绝告发他们认识的毒贩）。简而言之，他们讨论了当地公共服务机构人员工作时“理想的”行为是什么。在我们观察到的讨论中，赋权过程通常起于生活故事的讲述，讲述者往往带着蔑视感或是不公正感。

辩论围绕几个有争议的观点进行，会议的私密性得到了尊重①。通过辩论，那些很少有机会在公共场合就社区事务表达意见的人不再沉默，开始批判和表达，他们在交流中展现出对于官方代表们深深的不信任。皮埃尔·罗桑瓦龙以法国大革命为出发点，认为“公民警惕”有三种类型：监督（对社会和它的代表们的永久管理）、谴责（查找丑闻和腐败）和评价（审察和专门技能）。工薪阶层的公民警惕性可以在协商中得到提升。另一位住房申请者洛尔就是一个很好的例子。当罗森伯格询问参加者在几次集会后有没有注意到什么变化，她回答道：

> 在上一次集会后，我批评了就业机构让我填的问

① 关系到流程中涉及的隐私程度。此赋权研讨会使用不同类型的公开化（书面评论，小组成员提案的口头概述），意味着工作间的个案隐私以及公开审议的结果。

卷……对于社会工作，我从来没给出批判性的评价，不管是积极的还是消极的。现在如果我感到有什么事情不对劲，我就会讲出我的想法。在就业机构的时候，我告诉别人："这不对。"这就是我身上发生的变化。

（最后一次集会上洛尔的发言）

尽管警惕谨慎的态度并不会在根本上改善公民与其管理者的关系，但这可以成为对政府行政工作进行质询的一种手段，这种协商方式让工薪阶层的人们摆脱了"乞丐"的印象，他们作为有权利的公民出现在公共当局面前，讨要说法。公民质疑公共机构的工作，从而获得一种尊严感，他们的公民地位也会得到社会团体及公众的认可——当地电视台采访了莉拉，当地报纸采访了雅辛。官方人员也会尝试争取这份认可，他们并不想仅仅被看作当权者，而也想成为他人眼中的"真诚"的人。[①] 比如马丹女士，她被莉拉的批评和之后的讨论所触动，讲述了自己工作上遇到的问题，公共住房机构的各种不透明手续和申请者迫切的需求让她左右为难。居民曾经认为她是个没有感情、行事古板的官僚，现在他们却表示："以前我们不知道你的工作这么困难，现在我们意识到你和我们是一样的。"

---

① 桑德拉·瑞：强调了参与公开辩论的基础设施项目的开发商和承包商认识到真实和人道的重要，《民主争论，公民面对公共行动》，阿尔芒科兰出版社（Sandrine Rui，*La démocratie en débat. Les citoyens face à l'action publique*，Paris，Armand Colin，2004）。

(2) 政治化的开始

参与工作者，比如罗森伯格，致力于在活动中给当地居民发声的机会——以前他们很少以社区集体的名义在公众面前发表意见。在这种情况下，“专业居民”的出席似乎成为社会活动的一种阻碍：他们是定期参加会议的内行，可能会阻碍无法发声的人们表达自己的质疑。协会代表和政治激进者倾向于将自我表达建立在自我防卫基础上，强调自己与对手的不同。在活动中，作为公民的每个个体都应能为了公共利益来协商、批判并进行集体行动。所以在必要时，我们会鼓励他们打破这些既定的自我表达方式。罗森伯格认为，为了确保这一点，我们在活动中应暂时忽略民众代表手中的权力——无论他们是正式投票选举出来的代表还是协会的主席——把争辩对抗式的民主（“有组织的我们”对抗“有组织的他们”）和协商式的民主区分开来，后者要求每位公民履行对共和制国家监督、警惕和管理的职责。首先，我们要拒绝行动主义者既定的语言框架，建立集体探究的合作逻辑，对情况做出更清晰的多元评估。

不过这种观念的民主本身就会带来歧义和紧张气氛。如果我们强调单独个体而弱化有组织的集体会有什么影响呢？它会帮助避免争端吗？这样做是否会阻碍集体与其代表发表意见、参与活动，带来“去政治化”的风险呢？根据对不同城市工作坊的观察，一些研究者认为组织者可能会低估协会代表们的作用，这对居民的利益有所损害[①]。在讨论中，组织者会用自己“低俗”的习语，而拒绝使用协会代表所使用的语言，虽然代表们更了解情况，在政治生活中也更加活跃。

通过观察，我们发现罗森伯格并未删改集体发言，也不拒绝政治团体的参与。实际上，在第十天，为了使住房危机的辩论更加政治化，租户联盟和住房协会的代表们受邀参加了小组讨论。然而参加讨论的公民对公共权力及其机构的运行机制知之甚少。因此，当协会、政治团体或是专业人士和技术人员的话语难以理解时，罗森伯格会对他们的话语稍作改动和解释。罗森伯格还向公众介绍了各位代表及他们的职责，并详细介绍了代表制度的民主性质。在第四天市长参与讨论时，她强调了小组的主动性，在讨论前，小组已经准备好自己的问题。在小组内部，大家各自分工：代表接待、目标陈述、做笔记、记录时间、维持发言者的秩序。这些举措让市长不得不倾听发言并与小组成员一同思考，而不是仅仅念自己预先写好的回复稿。也就是说，她看到了代表制度不民主的地方：一些代表会阻碍公共事务的质询，逃避自己回应选民和支持者要求的义务。但是，如果公民想要对决策做出贡献，他们需要组成一个长期的

---

① 海威·弗朗卡雷尔和克劳德·拉法耶：《人民与战士：参与机制和敦刻尔克区的组织机构，联合行动，团结与领土》，圣迪安大学出版社（Hervé Flanquart，Claudette Lafaye，*L'habitant et le militant*：*dispositifs participatifs et associations dans l'agglomération dunkerquoise*，in CRESAL，*Actions associatives*，*solidarités et territoires*，Saint-Etienne，Publications de l'Université de Saint-Etienne，2001）。

集体组织。我们的赋权工作坊就在拒绝权力委托和促进集体组织产生的两者间寻求平衡。不过，12 天的时间显然不足以对居民和专业人士产生长期的政治化影响、促成某种集体行动。

在文献记录中，我们可以看到合作与顾问这两个参与机制的模糊性。[①] 一方面，它们可以化解争议、避免压力集团的产生；另一方面，它们会增加问题的可辩论性、突出矛盾的地方，催生一系列的公共行动。在对于公共领域的政治争论有着特定立场的情况下，小群体的协商交流并不意味着政治化的缺失。

我们观察发现，经过协商，可以有两种不同程度的政治化。对共和制的兴趣、在公共领域提出自己反对意见的兴趣与第一层程度的政治化有关。费西金和阿克曼讲述了一位协商调查参与者的故事：这个人之前并不阅读报纸，但在参与协商后，他开始阅读报纸了。[②] 莉拉在当地电视台的采访中也说道："现在我和朋友们更加关注有关住房问题的探讨了，我也会阅读当地报纸刊登的关于住房的消息。"

第二层的政治化涉及更深层次的公共参与。协商可以使集体行动更加社会化，甚至作为过渡手段催生出更多形式的政治参与。即使大部分居民并不会使用协会和政党所使用的"编码

---

① 米歇尔·卡隆、皮耶·拉斯古姆和雅尼克·巴斯：《动荡世界中行动是民主的尝试》，瑟伊出版社（Michel Callon，Pierre Lascoumes，Yannick Barthe，*Agir dans un monde incertain，essai sur la démocratie technique*，Paris，Seuil，2001）。

② 詹姆斯·费西金和布鲁斯·阿克曼：《民主之日》，纽黑文耶鲁大出版社（James Fishkin，Bruce Ackerman，*Deliberation day*，New Haven，Yale University Press，2004）。

语言”，但是参与了协商小组的讨论后，他们会意识到新的问题，并就这些问题产生社会和政治层面上的认识。通过跟进社会保障住房小组的讨论，一些人产生了要保证保障性住房供给的愿望。莉拉就是其中一员，她意识到新的不公正，用她自己的话来说，“那些让你无比愤怒的事”：

> 让我无比愤怒的是，市政府想在一片毫无用处的空地上建保障性住房，但是在空地周围居住的居民不想让计划进行下去，他们有自己的家，所以，这让我很生气。我对自己说，等等，这里有人还流落街头呢，为什么？因为有人不喜欢保障性住房建在他们的街区！然后我告诉自己，我觉得市里所有保障性住房的申请者都可以示威表达自己的愤怒，这也算反对他们的一个方法了。我已经准备好行动了。就算现在我有了自己的住房，想到我所经历的一切，我想也要站出来，让自己的声音被听到……
>
> （莉拉参加赋权小组后接受的参访）

之后在小组讨论中，莉拉评价说自己的小组参与经历“就像叫醒电话一样”：

> 参与赋权工作坊的经历就像接到叫醒电话一样。我以前经常对自己说，我有个地方可住，我还好……但是现在我已经明白其中很多事了，我想要进一步谈论它。

参与协商是政治化的开始，莉拉将其比作“叫醒电话”足以证明这一点。既然切实的行动和讨论可以影响住房和就业问题上的政治仲裁，那么这些行动和讨论能否反映“公民觉醒”的过程呢？这些讨论程序有连贯性吗？小组的协商经历是以不断发展的更加稳定的政治参与形式为背景的吗？抛开个人层面，协商进程对公共领域有什么影响，对问题决策又有什么影响呢？

3　公开化和反向权力：脆弱且对比鲜明的影响

（1）短暂的协商反向权力

协商是为了交流意见、与当局进行讨论，而不是与他们对抗，那么，从定义的角度来说，反向权力活动和协商活动截然不同。冯和怀特在其著作的结论中，就传统的反权力形式和新兴的协商式反权力形式进行了讨论。[①] 前者主要在法律运动、社会运动和利益集团（如工会或政党）的活动中得到体现；后者则体现在各种小组活动中，就像我们的赋权工作坊一样，这些

① 艾尔空·冯、埃里克奥林·怀特：《参与制掌权政府的权利抗衡》《参与制掌权政府的制度创新》，伦敦欧索出版社（Archon Fung, Erik Olin Wright,《Countervailing power in empowered participatory governance》, in *Deepening Democracy*, *Institutional innovations in empowered participatory governance*, London, Verso, 2003, 259-289）。

小组旨在促进参与性协商、鼓励集体质询、寻找其他的方法来解决冲突。它们与地方问题直接相关，合作性更强，组内通常会邀请对立双方，比如生态环境学家和工业家，一起来讨论具体的问题。

冯和怀特认为，在自上而下的管理体系中，传统抗争性的反向权力行动有很高的效率，但它并不足以应对更复杂的社会问题。在这些反向权力活动的内部，信息交流并不通畅，而且决策和实际活动环节颇为脱节，会导致我们错失改革和创造平等的机会。在参与性或是协商性的管理结构中，决策没有完全被官僚掌控，而是更符合当地群众的利益，这样就使管理结构更加合理，更具有创造性。比如，在6个月的时间里，赋权小组与政治家和地方行政者开会，保存了小组质询的备忘录，让公共当局能够看到保障性住房政策的缺陷，并衡量其影响，最终考虑在罗森伯格和协商小组的帮助下做出相关的改革。但是，这样的协商式向反向权力的转变可能并不像冯和怀特认为的那样明显。法国实行共和制并以国家和国家利益为中心，其自上而下的管理系统已经成熟，在这种情况下，协商进程往往会受到来自政府机构的阻力①，民主参与降级演变成了民主咨询。

---

① 比如说英国的案例，“机构抵制有效地限制了公众和有关政府机构之间的有意义的交流，最终地方成果无法整体转型”。马里昂·巴尔、简奈·纽曼、海伦·萨利文：《权利，参与和革新政治：公众参与的案例分析》，布里斯托尔政治出版社（Marian Barnes，Janet Newman，Helen Sullivan，*Power*，*participation and political renewal*：*Case studies in public participation*，Bristol，Bristol Policy Press，2007，p. 31）。

在克拉莫尔，保障性住房居民和该领域的工作者参与了赋权工作坊，这时保障性住房的申请者并没有能力来捍卫他们的权利，虽然国内一些最活跃的协会致力于为居住条件不理想的公民服务[①]，但是在克拉莫尔并没有这些协会的分支。全国住房联合会[②]在此地区有分部，但是它只和租客打交道，那些住房申请者并不在其服务的范围内，它无法帮助解决社会保障性住房的紧缺，无法避免漫长的等待。住房申请者急缺一个组织来改变公民代表和公共住房机构之间的权力关系。正是意识到这一点，市镇社会行动中心[③]的负责人塞丽娜·佛蒙特倡导开展民主协商，她领导的部门和住房申请者打交道。她解释了自己把社会公平问题放在公共领域讨论的政治动机：

> 问题在于根本没人来代表这些保障性住房申请者的权益，这和前几年失业者的情况有点像。租客联盟只关心那些已经有了住宿的人……但是真是难以置信，当你们建立赋权工作坊之后，有些租客团体愿意和这些愤怒的住房申请者见面，并且捍卫他们的利益！这给了我们信心。因为之前我们这些社会工作者呼吁了一遍又一遍，最后不得不放弃……现在和住房申请者

① 例如皮埃尔神父基金会或住房权协会。

② 住房联合会 CNL，Confédération nationale du logement。

③ 在法国每个城市，CCAS（Caisse communale d'action sociale）都是负责实施社会政策的政府机构。

一起工作让程序更有意义了。当申请者他们自己说“这不对”的时候，你会想要再帮助他们一把。

（塞丽娜，CCAS 的负责人，采访）

塞丽娜从未把她的意图告诉她的上级或是地方政府，但抱着这样的目标，塞丽娜要求 CNL 的一名员工参加我们的实验。她希望通过这样的方式，租房联盟可以倾听住房申请者的声音，并保护他们的权益。塞丽娜的愿望无疑给实验带来了影响，在实验后，保障性住房领域的机构组织有了一些变化。在协商后，小组制作了解释住房申请程序的宣传册，其中阐明了申请者的权利和义务，给出了住房服务相关的程序与协会的信息。宣传册的语言通俗易懂，里面还给出了图标和术语表，最后在全市发放。塞丽娜还关注了申请者的需求，她向上级争取到了更多的资金。这样 CCAS 就可以在办公室里工作，组织街区的集体会议，而之前，这一切只能通过热线进行。这些集体会议帮助人们从孤立中走出来，向他们提供信息，让更多的住房申请者了解自己的权利。

赋权工作坊举办之前，大家忍耐和愤怒的情绪占上风；而现在，潜在的租客和住户们可以公开地对政府的规定和行为表达意见。在社会保障性住房的问题上，工作坊成为一种临时的协商反向权力形式。在社会保障住房的管理分配条件方面，申请者和官员合作问询，探寻住房短缺的影响，促进了民主的公开化。[①] 12 天的协商后，参加者向当地委员会提出了建议。委员会的成员有：四位 CCAS 的代表，一位市镇代表，四位社会住宅房东团体的代表，一位 CNL 的代表，以及一些看到报纸来参加会议的当地居民和协会代表。这时，个人的经历（“这发生在我身上……”）被看作是对整体描述的补充，而不是主观性的评价。在整个过程中，我们要求详细记录讨论过程，对工作进行阶段性的口头回顾，并总结关于成员权利和义务的争论，这些要求驱使会议向公开化的方向进行。通常，人们在公开场合表达自我的时候，会发生“失去政治立场”的现象，而这些要求能防止这种情况在我们的会议中发生。[②]

（2）短暂性与政治的利用：协商程序的双重隐患

赋权工作坊形成的协商反向权力能否挑战保障性住房分配管理的不透明性？高度集中的管理体制会阻碍地方变革，协商是否能阻止这种趋势呢？什么样的政治空间能催生高效的参与

---

① 公共问题配置调查的角色至关重要，它有助于尽可能地探索现实的复杂性。

② 妮娜·艾利亚索夫：根据艾利亚索夫进行的美国社团观察，涉及小组委员会和公开辩论讨论的时候，居民话语的政治影响往往被“蒸发”掉。居民间私下谈话的内容（讨论重点是“整体社会”）跟在公共场合（同样的协会成员在公开演讲时往往失去表达自我的能力，感到受政治语言的抑制，其论据往往也不会引起普遍关注）有明显的区别。跟私下讨论或者低声互语相比，他们在记者、民选代表面前表达的缺乏组织的语言变成“总体而言不那么让人产生同感，不那么让人反省，也不太针对公开辩论或专注于公益。关于整个社会的对话，或者富有公众精神的讨论往往蒸发了”。

活动？这样的参与活动有可能扩大范围吗？还是最终仅为地方官僚起到顾问的作用？短暂性是参与的主要局限吗？

参与性民主不可能奇迹般地治愈当前的各种弊病，冯和怀特强调了参与性民主下信奉“天使主义”的风险。在“协商管理”中，如果没有可靠的对抗性力量，权力支配和政治利用的机制就会维持下去。反向权力弱的地方，协商的规则会对既得利益一方有利。[①] 这种现象可表现为：为协商提问的环节设限、限制参与者人数，或是以对待顾问的方式来对待协商小组。在参与活动中，我们要确定挪用权力的倾向是否被阻止。

我认为政治利用的风险最为显著，因为与我们相处的公民并没有组成集体，保障性住房问题所涉及的大部分街区都是如此。而被选举出的代表可能会尝试转移责任，让公民自己解决问题，改变自己的境遇，就像在私有企业里进行的协商决议，雇主可能会把自己的行为责任推脱到雇员身上，以此来逃避责任。反向权力本身必须保有高度的持续性，以便在协商中可以公正且持续积极地发挥作用。同时，一些协商实验仅是为了响应政府鼓励“新式”协商的政策，我们也需要关注这些实验的影响。代表们可以用这些实验来应对传统的政治批评，以它们为借口，让自己的权力和权威合理化。

---

① 艾尔空·冯、埃里克奥林·怀特：见前注（Archon Fung，Erik Olin Wright（2003，*op. cit.*）。

通常我们发现，赋权工作坊结束之后，很难再让人们继续交流并组织具有批判性和集体性的活动。我们知道，在与公共领域的政治讨论脱节的情况下，公民批判的针对性非常有限。[①]那么，如果不进行权力代表，公民和政治讨论之间能否保持联系呢？我们甚至质疑，大众参与的社会运动可以持续地进行吗？在社会政治学的经典假设中，社会运动以参与性的模式产生，后来为了提高效率，会逐渐过渡到有组织的代表性模式（选举代表、发言人、官方项目）。不过，通过研究美国和平主义女权团体捍卫权利的运动，弗朗西斯卡·伯莱塔向我们展示了参与性运动是如何保持自己的有效性的。但是要做到这一点需要时间，6个月的协商训练显然不足以让一小群当地居民在最后开展协商性的社会运动。正如艾利亚索夫在评价“短期志愿服务”时所指出的：赋权是一个持续的过程，不是一次性的事件。[②] 当人们没有准备好持续且规律地参加集体活动时，以动员他们参加为目的而组织的各类参与活动，反而会带来不确定甚至消极的影响。

比如说，在克拉莫尔的协商活动后，协商小组的成员都在

---

① 参见吕克·博坦斯琪、劳伦·德沃奥“行动体系”理论：它强调了公开谴责过程中识别谁是敌人的重要性。吕克·博坦斯琪和劳伦·德沃奥：《规模经济及证明》，珈利玛出版社（Luc Boltanski, Laurent Thévenot, *De la justification. Les économies de la grandeur*, Paris, Gallimard, 1991）。

② 妮娜·艾利亚索夫：《志愿者，后福利时代公民生活》，普林斯顿大学出版社（Nina Eliasoph, *Making volunteers. Civic life after welfare's end*, Princeton, Princeton University Press, 2011）。

不同程度上对于市镇的运行和管理问题产生了兴趣，但他们的兴趣只持续了几周，他们中的一些人，包括莉拉，与“救护协会”工作人员见了面。该协会致力于保护住房条件恶劣的居民的权利。另一些人来到市区议会，要求代表们承诺在富裕地区增加保障性住房的建设。小组还提出了后续的建议，并计划每月进行一次集会来倾听住房申请者的要求。后来，三位工作坊的成员还持续地参加了这些会议，并宣传他们所学到的知识。雅辛曾经参加过赋权工作坊，她是工会的代表，同时也是某个足球俱乐部的志愿者，她就每月要举行的会议表达了自己的担忧：

> 每次讨论的结果可能会让人不愉快，我们参加会议仅仅是为了表达意见吗？如果公共住房机构和代表们不能提供更多的住房，我可不想为他们开脱。我想为其他住房申请者提供更多信息，不想让他们束手无策地等待，不想安慰他们冷静下来。
>
> （雅辛的采访）

雅辛注意到，在协商过程中，公民的言论可能会被利用。那么，公民言论有可能随着时间推移而不断传播吗？它能督促公共住房机构和代表们公平地分配住房吗？它能催生新的保障性住房的建设吗？我们的14位参加者最后并没能组成坚定的压力集团，在顾问离开的几周后，集体活动便没了消息。本次实验的发起人原本将希望寄托在住房联合会身上，期待他们在每月的会议上起到积极作用。住房联合会原本据理力争来捍卫租客的利益，但现在他们开始维护住房申请者的利益了。参加赋权工作坊的一些人后来确实参与了住房联合会的各种项目，民主协商和反向权力这两种政治参与形式之间开始有了联系。此外，在工作坊和每月的例会后，CNL 的员工把民主协商的工作形式带到了传统的协会活动中去，这样“抗争性”的反向权力活动就能更好地适应当地的特殊情况。

从莉拉的选择可以看出，协商性质的反向权力并没有维持很久，因为她最后既没有加入“救护协会”，也没有加入任何集体组织。她和其他很多参加者都曾立志捍卫社会住房申请者的利益，然而会议结束的 6 个月后我去拜访她时，她已经放弃了对保障性住房不公平的谴责，只和自己的朋友、家人、同事倾诉这些不平等。她的“退却”表明我们需要对协商和政党、协会活动之间的关系进行反思：一方是独特但最终难以持久的协商，另一方是协会更为稳定的集体活动，两方以新的方式彼此交流。对于莉拉而言，她的政治素养在这 6 个月中的确得到了提升，但这种提升也很有限。

协商实验有双重隐患，政治化很高的参与者，比如雅辛，可以意识到这一点，隐患带来的挫败感和失望感可能会抵消实验初期阶段人们产生的认同感与政治化所带来的积极影响。

4 结论

使用民族志的研究方法研究集体协商，可以为批判性审视个体的政治化进程提供基础。通过研究在工薪阶层所在街区的集体协商过程，我们可以看到几乎不参加政治活动的群体逐渐参与政治生活的进程；这样的政治化进程让社会忽视的问题进入人们的视野。

研究集体协商让我们反思公众参与方式的转变。我们可以看到，对于少数不经常表达自我意见的公民来说，协商程序可以帮助增强公民权力，让公民的地位得到认可，或多或少地促进公民参与政治生活。正如杨在分析中所指出的，引发辩论的政治活动有自己的优点："集体协商应该采用非争辩性的、批判性的表达方式，只有这样才能实现理想的社会变革与融合。"冯认为，在不公正的社会中，政治机构的决策并不依靠集体决策，资源分配不平等，在这种情况下，我们需要"协商行动主义"来促进融合与平等。

我们的赋权工作坊在政治化的进程中，提倡以一种更加灵活的方式参与政治活动，以解决实际问题为重心，拒绝直接的权力委托。在这里，动员方式是多样的：公民没有自发、自主的组织活动；当局者也没有实施自己的行动方式——并非所有问题都以政治活动的有效性来衡量。

在文章中，我们可以看到，民主协商可以影响民主代表和行政管理者的决定，但这种协商活动难以持久。如果压力集团的活动缺少组织性，或者缺少与其他集体的联系，那么“人为性因素”可能会“瓦解”集体协商活动。另外，我们强调了协商倡导者政治目标的影响。在倡导者直接或间接的鼓励下，赋权工作坊促进了管理体制的民主化，为那些“不发声的人”带来政治解放、捍卫了他们的权利。赛琳娜的经历和她的部门发生的变化让我们看到了工作坊的显著成就。但是，如果人们不自发地组织起来进行活动，一切就很有可能恢复原状。正如艾利亚索夫指出的，赋权需要时间，只有相关经历被高强度地多次重复，赋权活动才能更持久地影响参与者。[①]

最后，文章强调，赋权是一种社会构建，为了更好地了解它，学者需要结合不同的领域进行研究，其中包括研究那些充满争议且自下而上的公民维权方式（社会运动），参与性民主所涉及的制度、机构以及维护普通公民权力的日常实践。

① 妮娜·艾利亚索夫：见前注（Nina Eliasoph（2011），*op. cit.*）。

本书作者

李利安·马蒂欧（MATHIEU Lilian）：法国社会学家，担任法国国家科学研究院研究导师，巴黎政治学院和里昂二大教师。著有《社会运动辞典》（巴黎政治学院出版社，2009年），《卖淫的社会学》（发现出版社，2015年）。

埃里克·内弗（NEVEU Erik）：雷恩政治学院政治学教授，2004—2009年担任雷恩政治学院院长。雷恩大学法国国家科学研究院雷恩实验室（ARENES-CNRS）成员。曾担任欧洲政治研究联合会执委会委员。主要研究领域为媒体和公共空间，社会运动，文化的政治意义。著有《社会运动的社会学》（发现出版社，2014年第六版），《新闻社会学》（发现出版社，2013年第四版）。与和罗德·本森共同主编了《布尔迪厄和新闻场》（政治出版社，2004年）。

米歇尔·多布里（DOBRY Michel）：法国政治学家和社会学家，巴黎先贤祠索邦一大政治科学系教授，从 1991 年起担任《法国政治科学杂志》编委会成员。他对政治危机社会学的研究更新了有关革命现象和政治过渡期研究的理论框架。著有《政治危机的社会学——多领域动员的活力》（国家政治科学基金会出版社，1986 年）。

罗伊克·布隆迪欧（BLONDIAUX Loïc）：法国政治学家，巴黎先贤祠索邦一大教授，欧洲社会学政治学中心研究员（CESSP EHESS/PARIS 1/CNRS），尼古拉·于洛基金会科学顾问委员会、"共同决策"智库、巴黎公共讨论委员会以及"协商和公民参与学院"理事会成员。著有《制造舆论》（瑟伊出版社，1998 年）和《民主的新精神》（瑟伊出版社，2008 年）。

托马斯·克茨班（KIRSZBAUM Thomas）：法国社会学家，政治社会科学研究所（卡尚高等师范学校/法国国家科学研究中心）研究员，执教于巴黎第十大学。主要研究领域为城市政策、反歧视和社会融入等政策。著有《郊区不再？城市政策的醒悟》（黎明出版社，2015 年），《城市更新美国经验》（法国大学出版社，2009 年），《居住区域的社会交融性：比较视角下的文献综述》（法国文献局，2008 年）

马里昂·卡雷尔（CARREL Marion）：里昂三大个人、考验与社会研究中心社会学副教授，《参与》（*Participations*）与《运动》（*Mouvements*）学术期刊编委会成员，《参与与民主》科学性团体的联合主持人。著有《让居民参与？公民资格和平民街区中的行动权》（巴黎高等师范学院，2013 年），与卡特琳娜·内弗（Catherine Neveu）合编《普通公民资格——公民实践的一种全新角度》（卡尔塔拉出版社，2014 年）。